# 初中语文阅读多元化教学实践研究

俞 跃 著

吉林摄影出版社

·长春·

图书在版编目(CIP)数据

初中语文阅读多元化教学实践研究/俞跃著.--长春:吉林摄影出版社,2024.5
ISBN 978-7-5498-6194-1

Ⅰ.①初… Ⅱ.①俞… Ⅲ.①阅读课－教学研究－初中 Ⅳ.①G633.302

中国国家版本馆 CIP 数据核字(2024)第 110071 号

初中语文阅读多元化教学实践研究
CHUZHONG YUWEN YUEDU DUOYUANHUA JIAOXUE SHIJIAN YANJIU

著　　者:俞　跃
出 版 人:车　强
责任编辑:罗　晗
封面设计:豫燕川
开　　本:787mm×1092mm　1/16
字　　数:126 千字
印　　张:9.5
版　　次:2025 年 6 月第 1 版
印　　次:2025 年 6 月第 1 次印刷

出　　版:吉林摄影出版社
发　　行:吉林摄影出版社
地　　址:长春市净月高新技术产业开发区福祉大路 5788 号
　　　　　邮编:130118
电　　话:总编办:0431－81629821
　　　　　发行科:0431－81629829
印　　刷:北京银祥印刷有限公司

ISBN 978-7-5498-6194-1　　　定　价:65.00 元
版权所有　侵权必究

# 前　言

　　语言和文字,是这个民族在世界上存在的有力证明,也是这个民族的文化和精神得以传承和发展的载体。而语文教学,就是要将中华民族的语言和文字传给一代又一代的年轻人,让中华民族的文化和精神源远流长,生生不息。

　　现代社会是一个信息爆炸的社会。初中生能否在这些浩瀚如海的信息中快速地搜寻到自己所需要的信息,并且对这些信息的是非、真假能够做出准确地判断,一部分原因取决于他们的阅读能力。随着网络的发展,初中生所面临的信息源越来越多,这也对其遴选、鉴别、分析、总结等能力有着更高的要求。因此,如何激发初中生的阅读学习兴趣,使他们主动展开阅读学习;如何采用科学、有效的教学方法激活语文阅读课堂教学,也成为现代初中语文阅读教学的主要研究方向。

　　学生是否真正融入课堂、理解教材,教师的定位指导很是关键,既不可蜻蜓点水,更不能越俎代庖。在教学实践中,教师的课堂定位是个操作难点。本书针对这一难点,对初中语文阅读教学进行了分析与讨论。本书适合初中语文教学工作者与研究者阅读,也可为相关专业师范生提供一定的学习和参考。鉴于作者水平有限,书中难免存在不足之处,恳望读者提出宝贵意见和建议!

# 目 录

第一章　初中语文阅读教学分析 ·················································· 1
　　第一节　初中语文阅读教学现状 ············································ 1
　　第二节　初中语文阅读教学问题 ············································ 3

第二章　初中语文阅读教学策略 ·················································· 8
　　第一节　选择确定阅读教学策略与方法的基本构想 ·················· 8
　　第二节　阅读教学的基本策略 ············································· 15

第三章　初中语文课堂教学改进策略 ········································· 51
　　第一节　基于深度学习理念的课堂教学改进 ························· 51
　　第二节　基于问题教学的课堂教学改进 ································ 55
　　第三节　基于核心素养培养的课堂教学改进 ························· 63

第四章　多元化视域下的初中语文阅读教学 ······························· 69
　　第一节　核心素养视域下的初中语文阅读教学 ····················· 69
　　第二节　传统文化视域下的初中语文阅读教学 ····················· 73
　　第三节　新媒体环境下的初中语文阅读教学 ························ 90

第五章　初中学生语文阅读基本能力的提升策略 …………… 98
　第一节　初中学生语文阅读素养的培养 …………………… 98
　第二节　初中学生语文阅读语感的培养 …………………… 110
　第三节　语文综合实践活动在阅读教学中的应用 ………… 116
　第四节　图书馆资源在初中语文阅读教学中的应用 ……… 130

**参考文献** ……………………………………………………… 143

# 第一章 初中语文阅读教学分析

## 第一节 初中语文阅读教学现状

### 一、初中语文阅读教材分析

语文学科在多年的教学实践中已经获得了很多的进步。例如,教师越来越重视学生的学习主体地位,师生关系趋向平等;教学的效率不断地提高;教师越来越注重在语文课堂中实现听、说、读、写的全面教学。虽然这些教学成果是可喜的,但是依然存在着很多的缺陷。

现行的语文教材中所选的文章,大多是名家名篇,强调文质兼美,正如袁行霈先生总结的:"有的侧重对形象性较强的文学作品进行品味和鉴赏,有的侧重对思辨性较强的说理文章进行思考和领悟,有的侧重应用性较强的文章阅读理解。"这印证了选文的目的在于全面地提高学生的语言运用能力。但是,这也就不可避免地受到教材容量的限制。所选的文章因篇幅短、容量小,其中的知识也相对来说比较分裂、细碎,在很大程度上影响了知识的获取与积累。例如,学生在学习《水浒传》的节选《林教头风雪山神庙》时,虽然老师会对这一章节有详细地讲解,学生对林冲这一人物形象有了一些更深入地了解,但是对于《水浒传》的其他章节就不是很清楚了;在学习中了解了《边城》中沈从文的艺术风格,但遇到沈从文的其他文章时还是难以正确地解读。对于一些人物、事件、问题的认识比较单一、片面,存在刻板的印象,很难形成立体的、全面的认识。

## 二、整本书阅读的课程内容设置

整本书阅读进入语文课程,首要解决的问题就是"读什么"。"读什么",是学生通过什么样的文本进行学习活动的问题,即课程内容的问题,此时的整本书就是课程的载体。整本书类型多样,在初中阶段究竟该选择何种书目供学生阅读呢?

第一,经典名著的作用不容忽视。名著是人类文化的精华,作家卡尔维诺在他的文章《为什么读经典》中,对经典进行了感性地说明,他认为经典作品以其历久弥新的魅力,帮助我们理解"我们是谁"和我们所到达的位置。美国学者莫提默·艾德勒对判断一本书是不是名著提出了六条标准,他认为名著是具有阅读者多、通俗易懂、历久弥新、隽永耐读、影响深远、多讨论人生中悬而未决的问题或者在某领域有突破性进展的书籍。尽管各个学者对于名著的定义并不完全相同,但我们可以看出,这些作品经过了时间的考验,不仅文本具有典范性,还具有内涵丰富,影响深远的特点。因此,在初中阶段鼓励、指导学生进行经典名著的阅读是非常必要的。[①]

第二,选文的类型要多样,不仅要选择那些在文学方面出类拔萃的著作,对于其他的类型也要有所关注,笔者将整本书的类型大致分为文学类著作和非文学著作。在内容方面,文学类作品的创作依据生活,但不拘泥于生活,可以根据需要对人、事、物、环境进行组合、改造、虚构等;非文学著作旨在对世界的科学认识,重在真实地反映世界,力求客观、准确。在语言形式方面,文学作品讲求文采,语言带有感情色彩,有些还格外注重音韵;非文学著作追求简洁、规范,追求语言的准确性,语言上大多呈现朴实清晰的风格。总的来说,文学性文本注重塑造生动感人的艺术形象,注重形象性;而非文学文本注重逻辑性,以统计数字、客观事实和逻辑判断为主。这些方面对于学生的语言建构与运用、思维发展与提升、审美鉴赏

---

① 杨秋玲.语文阅读教学反思[M].成都:电子科技大学出版社,2017.

与创造、文化传承与理解都有着重要作用。因此,我们不妨将这些都纳入选文范畴,全面地提升学生的语文素养。

第三,对于当下流行的优秀作品要有的放矢地进行阅读,也可以大胆地选择一些青少年喜闻乐见的图书类型。新时代到来后,由于信息传播方式的改变,不但读者接收信息的方式发生了翻天覆地的变化,而且作者传播信息的方式也同样发生了改变,虽然网络小说良莠不齐,但其中也不乏佳作。如此,我们结合学生的兴趣进行教学,可以达到事半功倍的效果。

第四,书籍的选择要符合初中生的特点,并且要结合整体课程的安排来设置。语文这门课程不仅与生活联系紧密,学生更是从小学就开始系统地学习语文知识,到了高中阶段则普遍具有了良好的语文基础。我们在选择书籍时要考虑到学生的实际情况,要符合学段的要求。同时,选择书籍应优先考虑教材中有节选、有推荐的书籍。

## 第二节　初中语文阅读教学问题

阅读教学贯穿语文教学的全过程,是提高学生语文素养的重要途径与方法。古人常说的"读书破万卷,下笔如有神"也昭示了阅读的重要性。在初中阶段的语文教学中,培养学生的阅读能力与良好的阅读习惯是教学任务的重中之重。但是,当前的阅读教学现状不容忽视。

### 一、初中语文阅读教学中存在的问题

#### (一)整本书阅读教学的缺失

语文阅读教学中,单篇短章的教学仍然占据着主要位置,且主要的教学模式仍然是"教师讲,学生听",这种传统的上课模式仍是以教师为主体,以教材为中心,教学活动的展开、教学方案的设计、教学内容的评价,都是以此来制定的,整本书阅读及整本书阅读教学在初中阶段的语文课

堂鲜少出现。即使有,也只是教材中的选段教学。语文这门学科与生活的联系非常地紧密,并且学生早在学前就开始进行语文学习了,到了中学阶段语文的学习应更加主动。目前的教学方式,教师教得多,留给学生自己进行阅读的时间少,不利于学生主动学习能力的提高。在这样的教学方式下,学生更加关注所谓的知识点、重点、难点,对于教师的讲解有着强烈的依赖性,这样的情况不可避免地使学生重技巧而轻能力、重结论而轻过程,并且对学生阅读能力的提升没有帮助。①

## (二)阅读量不足

教师认为,在学习阶段多读书、读好书,对学生提升阅读能力有所帮助。但是实际上,无论是教师还是学生,阅读量都不算大。在相关采访的七位教师中,只有两位教师表示每年有阅读计划,平均年阅读3~4本书;其他教师则没有明确的计划,平均一年阅读2~3本书。教师更多的时间花费在教科书、参考书上,阅读的目的首先是教学的需求,其次才是开阔视野,增加知识储备的需求。这样有可能会导致某些教师的知识面狭窄,在课堂上的教学就显得枯燥乏味,在甄别学生读物、指导学生阅读上也难以提供有效的帮助。同时,有些教师普遍不清楚学生的阅读情况,对于学生的阅读量和阅读书目知之不详,也就难以对学生的阅读提供有针对性的指导建议。学生的整本书阅读状况同样堪忧,学生在学业方面比较地忙碌,所以有些学生很难坚持阅读。同时,多数学生认为经典名著,一来读起来吃力,二来即使读了考试也不一定会考到,阅读收益不高,不如等到以后有时间了再去读。况且,初中阶段的学生正处在一个身心快速发展的阶段,自我约束与自我管理的能力不是很强,积极主动地进行自我学习的时间较少,花费在阅读上的时间更少。此外,学生的阅读兴趣虽然较高,但阅读更多的是为了打发时间,更偏好通俗文学、网络文学,不太青睐经典名著,阅读鉴赏能力不足。

---

① 郑勇.中学语文教学论析[M].北京:中国书籍出版社,2016.

## 二、中学阅读问题成因分析

### (一)对课程标准的重视程度不够

语文课程标准是国家对基础教育阶段进行基本规范的纲领性文件，是编制语文教材、组织语文教学与教学评估及考试命题的依据。但是，在实际教学中，一些教师对于课程标准的执行是选择性的，他们更加注重课文的精讲与联系，而对于课程标准中提倡的课外阅读、整本书阅读比较地忽视。归根到底，是这些教师对于课程目标的理解不够全面，没有完全领会到课标对于阅读教学的意图，没有认识到整本书阅读对于学生"积累·整合""感受·鉴赏""思考·领悟""应用·拓展""发现·创新"能力的提升有着巨大的推进作用。因此，教师没有真正地帮助学生把整本书阅读落实到平时的学习生活中。

### (二)教师自身阅读素养的提升

相关的采访中，学生在回答"你在读书中遇到哪些问题"一题时，都表示存在"没有阅读兴趣""时间分配不合理""阅读效果不佳""不知道如何入手"等问题。这说明，学生在进行整本书阅读过程中确实遇到了诸多的问题，但是有些教师没有及时地解决这些问题。这就暴露出这些教师对学生学情的掌握不足，指导学生进行整本书阅读的能力有待提升，对于学生在阅读中遇到的问题既缺乏关注也缺乏指导。学生阅读情况与教师自身阅读的水平息息相关，如果教师的阅读敏感度不高、阅读能力不过关，就很难指导学生的阅读活动，这就要求教师应不断地提高自身的阅读素养。

### (三)缺乏有效实施的环境

整本书教学要想有效地实施，首先，要向师生提供大量可阅读的优秀书籍；其次，还要合理安排出阅读时间，在相关采访的学校中，均开设图书馆或者阅览室，但是只有一所学校开设了每周一次的阅读课，时间的匮乏是师生阅读量小的直接原因。除此之外，整本书阅读缺乏有效的评价考核系统。虽然课程标准肯定了整本书阅读的作用，但是在如何对整本书阅读进行考核方面没有明确的规定，使整本书阅读缺少评价标准和评价机制。这就造成了整本书阅读在大型学业水平考试中并不多见，即使有分值也不会高。这样，整本书阅读就不可避免地成为教学中可有可无的部分。

## 三、解决中学语文阅读问题措施

传统认识上，我们认为知识是客观的，教师的任务是把这些知识传授给学生，但是随着认识地深入，我们认识到知识的学习并不是简单地传授和记忆，英国哲学家波兰尼针对客观主义的知识观，提出了"个人知识"的观点。他提出，只有当信息被内化之后，才可成为知识，人在求知过程中虽然获得可言传的、可重复的显性知识，但尚有大量支撑显性知识的不可言传的、不可重复的隐性知识存在，而且隐性认识比显性认识更基本。人们能够知道的比能够讲述的更多。这个隐性知识就是个体在学习和实践过程中积累的，这些知识是在动态过程中习得的。建构主义者同样强调知识的动态性，认为以语言符号为外在形式存在的知识，内化为学习者的个人知识时，是要求由学生基于自己的经验背景来建构的。这样，知识的概念就从客观拓展到主观，即"知识是个人化的，是个体在大量的信息获得与处理中主动建构的结果"，这些知识的内化通常是在具体情境中不断生成的。学习者只有将知识内化，才是真正掌握了这些知识。这都使得掌握学习方法变得格外的重要，促使着教学观发生了改变，学校教育传递的一些记忆性的知识，将不再是学习的主要内容。学生通过学校教育掌握学习的方法才是至关重要的。哪种方式更能促进学生学习能力的提高，哪种就应该运用到教育教学中。

因此，整本书阅读不仅要参与语文教学中，更要在教师的指导下参与进来。叶圣陶曾在《论中学国文课程的改订》中说到整本书阅读的优势，他认为，在某一时期专读某一本书，心智可以专一，讨究可以彻底……这就养成了读书的能力；凭这能力，就可以随时随地地读其他的书及单篇短文。他还认为，要读好整本的书，就得要求读者格外注意阅读方法的使用。学生面对整本的书，不仅需要厘清大量的、复杂的信息，如作家、作品、情节、立场等，更要学会如何在大量的信息中获得有效的信息。也就是说，除了知识，掌握知识的方法，即如何获取知识，也显得重要起来。这些知识具有内隐的特点，在某种程度上是"不可言传"的，需要学生在学习的过程中不断的自我体会和自我挖掘。在教师适当的指导下，整本书阅读刚好可以给他们提供这个契机。

除此之外，整本书阅读并不是完全由教师带领逐句讲解的学习方式，学生应自己学会阅读、领会，这就为学生学习提供了一个可以由自己来施展的空间，使他们可以亲自体验、发现与研究。整本书的阅读为学生提供了丰富的阅读情景，学生要想从中提取有效的信息，就不得不多角度、多层次感受文本。得益于整本书在内容上的连续性，学生的阅读体验会比较完整，在阅读的过程中，学生可以从容地学习前人的长处，在整本书丰富语料资源的熏陶下，感受语言文化的魅力，在博采众长的基础上，探索一套适合自己的阅读门径，提升自己的审美鉴赏能力。

# 第二章　初中语文阅读教学策略

## 第一节　选择确定阅读教学策略与方法的基本构想

### 一、"教教材"和"用教材教"

学生对于教科书文本的学习至少有两种目的：一种是"读懂"；另一种是"会读"。经典作品包含着丰富的思想意蕴和文化智慧，需要学会和继承，以增强学生思想文化的积淀，需要"教教材"，也就是需要学生"读懂"。教师首先要把握所教课文的思想内涵和形式特点，在不受任何资料影响的情况下，与文本进行深入地会话，进而把握教学要点，明确教学目标。然后在借鉴和吸收的基础上，形成有利于文本解读和符合具体学情的教学设计。这样才能实现有效地"教教材"。如《智取生辰纲》设置这样几个问题，一是选文开始部分笔墨是否过于冗长？二是结尾一段删掉是否可以？三是文本是如何表现人物之"智"的？本文开端用墨如泼，浓墨重笔，用了多个自然段写杨志一行押送生辰纲的行路情况，其目的在于表现杨志小心谨慎的性格及其内部的矛盾，这是表现人物性格的需要，又是设置悬念以引发读者阅读兴趣的需要；明写杨志，暗写吴用，以杨志的处处防范、小心谨慎，反衬吴用之智。设计这三个问题，可以引领学生探幽览胜、含英咀华，感悟经典文学的魅力所在。

另有一些作品价值需定位阅读经验和方法的提炼，并将其迁移运用到阅读中去，这就需要"用教材教"。"用教材教"有解读建模和阅读示例的功用特点，其目的在于突出"语文"教学价值。从文章写作的过程来看，无论是赋形思维的"重复"和"对比",还是路径思维中的过程"分析"与"综合",都使文章组成要素具备了"同中有异""异中有同"的特点,这就为阅读迁移提供了条件和基础。例如,《秋天的怀念》就是通过有关秋天故事的多次"重复"来表现母亲为儿子所付出的爱,抒发作者对母亲的热爱怀念和愧疚后悔的情感,因此可以确立"欣赏领悟—迁移运用"的教学构思,指导从"入情入境地诵读""有情有味地鉴赏""设身处地与人物对话"三个角度或"品味生活场面""欣赏行为细节""体验情感"三个方面学习欣赏"一个情景",然后依照这种角度和方式自主赏析"第二个情景""第三个情景"等内容。

作品所表现的生活题材和在写作方面的思维方式具有典范性和"类"的代表性,在教学价值取向方面,可致力于引导学生解读"这一篇"时更要着眼于解读"这一类",体现"这一篇"在解读"这一类"作品中的经验提取和方法教示功能。一种是自由式典型解读,不设置具体的迁移篇目。例如,鉴赏像《望岳》这类写景抒怀、状物寓理类的古诗词,最难做到的就是把学生领进诗词中去,因此如何让学生在鉴赏过程中"入韵""入境""入情""入理"就显得十分重要了。于此可设立"一读感诗韵—二读辩诗意—三读创诗境—四读悟诗理"的阅读构思。引导学生通过体验鉴赏过程和反复提炼,领悟"写景状物"类古诗词解读途径、鉴赏方法,实现能力的自然迁移。另一种是计划性典型解读,设置具体的迁移篇目。比如根据单册教学计划或单元教学安排,先教学生学习一篇课文中某种语言运用的经验和原理,再由此引导迁移到另外几篇文章中学习这种经验和原理。教学《中国石拱桥》,第一步,让学生大体理解本课的说明内容;第二步,引导学生根据说明内容的特点梳理本课的说明顺序;第三步,让学生阅读《苏州园林》等课文,看其是否运用了由概括到具体的说明顺序,并解说其具体原因;第四步,与《故宫博物院》比较,有什么相同与不同之处。其中当然包括相应的写作迁移,对熟悉的学校、公园或小镇进行先概括后具体和按照空间转换顺序的说明介绍,使学生能够很清晰地掌握这种说明方式。

## 二、根据文本特质选取教学策略与方法

文本特质,即文本所独有的亮点和特色。一是具有语文方面的价值。二是具有的典范性和个性,是同类作品中比较出色的和具有代表性的。三是具有可迁移性,即可用于迁移理解同一类文章、同一种语言现象。文本的核心价值是文本所呈现出来的在语言文字、思想意蕴、审美教育等方面的教学价值,文本特质决定文本的核心价值。设计和选取阅读教学策略,要依据文本的核心价值。充分利用文本特质对于选择和运用相应的教学策略,具有十分重要的意义,否则,就会出现文本解读策略方法相同,教学设计出现千篇一律,课堂教学呈现雷同呆板模式等现象。明确了文本特质,教学策略也会应运而生。

### (一)形象性文本

以塑造形象为主要手段的作品大多都属于这一类,如写景状物、写人叙事的散文,小说,诗歌等。如《孔乙己》文本的特质在于出色的叙事艺术和人物表现的手法。以二十年前后的"我"第一人称的视角,将故事限定在咸亨酒店这一特殊场景,通过诸多截面反映人物的命运轨迹,并隐括人物一生的命运;通过以形传神的白描和烘托来塑造人物,增强人物命运的悲剧色彩。文中多处写到了众人的"笑",使作品融入了喜剧的"快乐"气氛,而这"快乐"对人物悲剧命运进行了强力地烘托,加深了悲剧的程度。这篇小说没有贯穿始终、紧密相连的故事情节,不能通过情节过程破解人物性格。所以这类形象性文本的教学,有必要在形象的特征及其形成的因果关系上下功夫。比如,首先,从不同的截面中找出描写孔乙己"面色"的部分,分析不同的面色与其生活遭遇的联系、与其形象性格的关系。其次找出周围人们"面部"表情(笑)的变化,探究"笑"与"被笑"的前因后果及其隐藏的深意。再次,由"被笑"探究孔乙己的矛盾性格和悲剧命运的多种原因。所以抓住细节与人物性格心理之间的关系作为核心教学价值,就是凸显了《孔乙己》的文本特质。

## (二)情节型文本

情节型文本主要指表现故事情节过程、生活事件或矛盾冲突来反映人物思想性格或表现现实生活的作品。如写人叙事的散文、小说、戏剧等。这类文本在情节事件上往往各有特色,如《范进中举》《我的叔叔于勒》中情节的逆转,《智取生辰纲》《最后一片叶子》中的悬念,《最后一课》中的矛盾冲突,《故乡》中的插叙和情节描写中的雕刻,《变色龙》《丑小鸭》中情节的摇摆或起伏等,在教学中就有必要依据这些情节上的特质选取策略方法。可用比较分析的方法去探究《我的叔叔于勒》情节逆转的过程:由对败家的于勒的憎恶,到对发了财的于勒的称赞和盼望,再到对贫困潦倒的于勒的怨怒和瘟疫般地躲避,情节的这三次逆转,将人物的言行举止、情感心理全部地带动起来了,每一次逆转都将家人对于勒的态度与心理变化细致入微地表现出来了,在这个过程中再通过研读和品味,人物性格及其典型意义就昭然若揭了。可以用编填表格的方式筛选信息梳理作品的叙述方式。例如,为《故乡》编制情节内容表格,使学生弄清楚插叙与顺叙、眼前与回忆的内容。之后引导学生体会运用插叙对于交代事情的前因后果,增强事件的完整性,塑造人物形象以及造成情节的跌宕起伏等方面的作用。

## (三)情感型文本

文学作品的欣赏,需要在入情、入境的吟诵中涵泳咀嚼,心领神会,从整体上深入地把握文本的思想灵魂。古典诗文,现代新诗、小说、散文、戏剧,其语言文字蕴含的情意均应借助诵读去体会和把握,那些情感强烈浓郁的作品,则应采用吟诵的方式去体验和感悟。学生对文本读到什么程度,就说明其理解感悟到了什么程度,反过来理解到了什么程度,才能读到什么程度。诵读可以引导学生走进文本的深处,触摸作品跳动的脉搏和情感的温度;走到文本深处,触摸作品的灵魂,诵读才能更好的被理解。如何能让学生走进文本深处,诵读的效果更加精彩,教师需要遵循学生情感体验的一般规律,运用教学的智慧。以吟诵教学方式运用为例,首先,要创造恰当的情感氛围,把学生的情感激发并调动起来。例如,教学《说和做》,可以从"七子之歌"入手,在让学生了解闻一多先生所处的时代背景、诗歌创作和学术研究成就、英勇献身等有关内容的基础上,开展师生合作朗读,教师读单号段,学生读双号段,通过诵读把学生的情感激发出来,读出慷慨,读出赞颂,读出孜孜以求,读出民族大义。然后可通过"感知全篇""分步探究""观照自我"三个过程,在读中品,在品中悟,在思想情感上与作者形成共鸣。其次,体悟思想情感应形成一定的梯度,能使学生通过不同形式的诵读和理解,步步深入地体悟作品中蕴含的情感,使情感的体验一层一层进入学生的心灵,体现逐步深化的过程,最终达到一定的程度和强度。例如,教学《水调歌头·明月几时有》,可以分三步体悟词人的情感、胸襟。第一步,解小序,体会思念亲人的情感。小序点明了特定的时间节日:中秋月夜、中秋节,点出了创作背景;聚集饮酒,大醉,点出了一个明显的目的——怀念他的弟弟。重点欣赏下阕,将诵读与品味,文本语言与生活背景有机地结合起来,体会作者对亲人的思念、怀想之情。第二步,再解小序,领悟感慨的内涵和豁达的情怀。重点欣赏上阕,体会对月问天、钦羡神往、恐寒止步、人间起舞所表现的心路历程:对朝堂的留恋与向往、进退困惑两难、无可奈何、乐观豁达。第三步,整合归纳,体会作品的情感主调和主旨,领悟作为"中秋第一词"所寄寓的词人的真挚情感、坚韧品质和豁达胸襟。每一个过程将品味与诵读紧密结合起来,逐步进入作品的深处。

### (四)思辨性文本

作品存在表里、前后、内外、因果等多种关系,阅读教学中引导学生采用思辨和探究、联想和抽象的方式,去认识这些关系和内容的本质。这需要构建教学"支架"帮助学生挖掘深层意蕴、辨析各种关系去破解文本的秘密。教学《紫藤萝瀑布》一则需引导学生由浅入深地理解文本:作者写紫藤萝瀑布的繁茂与萧疏、兴旺与衰败,其深层用意是什么?作者观赏紫藤萝瀑布的过程中,情感上经历了怎样的变化?为什么会有这样的变化?

二则要梳理有关内容的关系。比如紫藤萝瀑布的遭际与"手足情""生死迷"之间、与生命的规律之间有着怎样的关系？

## 三、运用语文的方法

语文教学根本目的是教学生学习"语文"，因此要引导学生运用语文的方法学习语文，用语文的方法解读文本。语文课程包含的内容十分丰富，涉及社会生活的各个方面、各个领域，就一篇文章或一部作品来说，可能会涉及社会科学或自然科学的若干内容，学生在学习的过程中，一方面需要学习其中的"语文"内容；另一方面是要运用"语文的方法"去学习、去解读。什么是语文的方法呢？

首先，它是符合语文文本体式特征的方法。这种体式特征也就是本质属性或功用价值。大的方面说，文学作品与写实作品的属性和功用特征差别就很大，文学作品内容是由作者想象而虚构出来的，它所反映的是作家主客观相融合的世界。具体到某一种体式，其属性特征也都十分鲜明。比如神话，是远古时代人们的集体创作，对自然现象、社会现象通过幻想做出的具有艺术意味的解释和描述。它具有幻想性甚至带有荒诞性，是早期人类对自然和社会的认识形式；故事性强，有浓厚的浪漫主义色彩；主人公性格鲜明，往往具有非凡的才能。

黄厚江先生举过一个很有意味的例子，说有位老师教《愚公移山》一课时，引导学生读出自己的理解，要求学生站在智叟的立场上和愚公对话，或站在愚公的立场上和智叟对话。有些学生提出了问题让愚公回答："你怎么能知道你的子子孙孙都是男性呢？""'靠山吃山'，山搬走了，你也该被饿死了""移山是苦力活儿，你干就干吧，可你的子孙未必想去干这事，他们可能要去当兵，也可能去读书，还有可能当朝廷大臣呢""山移走了，生态就可能会遭到破坏？"教师对学生的这些问题和想法大加赞赏。但是教师教的、学生学的并非一篇神话，也没有当作神话来解读，表面看似培养了创新思维能力，实际却离题万里，脱离了语文的本质属性去创新，就是"驴唇不对马嘴"。这样解读神话，也就没有神话了。用语文的方法教语文,就是用记叙文的方法教记叙文,用议论文的方法教议论文,用寓言的方法教寓言,用神话的方法教神话。

其次,语文的方法还应该是语言的理解与运用的方法。有教师执教《故乡》,让每个小组推选一名同学做杨二嫂"圆规"的姿态,然后比赛看哪个小组姿态表演得更像。有教师执教《花儿为什么这样红》,将其教学构想为"科学探索"活动,分为"横看成岭侧成峰""半亩方塘一鉴开"两个过程。其中"横看成岭侧成峰"由学生通过勾画文章结构示意图,领会作者从多个角度揭示花红奥秘的思路。而"半亩方塘一鉴开"则是从某一个角度揭示"花红"的秘密。最后,让学生从一个角度,以花的身份,用第一人称介绍花朵色彩斑斓的原因。在这两则案例中,我们认为第二则用的是语文的方法,第一则用的是非语文的方法。

语文的方法,含义很丰富,有的看上去是语文的方法,但却未必合乎语文的属性特点。例如,有教师执教杜甫《望岳》,让学生将其改写成现代诗,并且要求能押韵。一方面,这就是把古诗改写成现代诗,这种做法不太符合古诗鉴赏的一般要求和规律。古代诗词的凝练性、含蓄美、音韵美、意境美,一经现代汉语的翻译就会消失。如果让学生展开想象描述作品所创造的意境还是很有必要的,符合解读古诗词的需要。另一方面,在改写中要求押韵。这种要求是比较高的,尤其是对于初中学生,要改写成现代诗并且押韵,即便现代诗人恐怕也很难做得好。

再次,用语文的方法思考和解答问题。有教师执教《那树》提出一个问题:蚂蚁和树是什么关系?有的学生答寄生的关系,有的学生答互利共生的关系,并且具体举出了"金合欢蚁"与"金合欢树"是如何互利共生的事实。教师听了学生的回答十分惊喜,给予了充分地肯定。但这是从生物学角度去思考和解答问题,并未从文学作品的角度去思考问题。有的教师执教《济南的冬天》,让学生提出自己的疑问。有的学生说,"几十年的时间某个区域的气候变化不会那么大吧。济南地势北临黄河,其余三面环山,决定了夏天燥热憋闷,冬天奇寒无比,我们感受到的济南的冬天可没有什么'响晴'和'温情'可言。"由此便认定老舍先生写作时没有实事求是,而老师对该学生的"高见"大加赞扬。学生是从地理学和自身感受角度去理解作品、评价作者的。这个学生没有读懂作品,散文是表现作者个性化情感体验的,不是现实生活的实录;更没有读懂作者。本来这个学生的看法很有价值的,如果他所说的都是事实,那么正好可以借此观照和反衬老舍先生对济南独特而深厚的情感。还有的教师为了让学生思考孔乙己悲剧的原因,设计了"破案"活动,让学生"追查"到底是谁害死了孔乙己,虽然不能说这完全不是语文的方法,但是似乎总是感觉有些"过头",有些华而不实了。

## 第二节 阅读教学的基本策略

阅读教学的价值取向包括培养阅读情感、感悟阅读方法与能力、丰富积累、解读与鉴赏文本、涵养思维品质、传承优秀文化、提升审美品位等,这些也都是阅读教学的基本定位。实现阅读教学的课程价值有多种策略,基本的策略主要包括以下几个方面:

### 一、文本理解

阅读一个文本起码的要求是读懂文本意义,这就是需要进行文本理解。把文本理解作为基本教学策略,首先要求教师对文本有自己的理解。教师解读文本首先要抛弃一切参考材料,原汁原味地读出自己的理解,这是有效地指导学生阅读的基础。有了这个基础,再去参考他人的解读以丰富提升自己的理解。然后,教师需要引导学生原汁原味的阅读文本,产生自己的理解。以之为前提,教师以自己的阅读体验和阅读思考激发、引导和促进学生的阅读体验和阅读思考,师生之间开展交流碰撞,进而使学生获得阅读思路、经验、途径和方法等。"文本理解"的含义包括:文本意义、作者意义、社会历史意义、读者意义等。文本意义即文本语言本身表现的意义,是纯文本客观意义,背景和写作意图不参与其中;作者意义就是作者原始意图,即作者的主观意图、创作初衷;文本在流传的过程中,在不同的历史时期和不同的社会环境中体现的意义即社会和历史意义；读者意义就是读者获得的具有个性化的意义。

苏轼的《水调歌头·明月几时有》中"但愿人长久，千里共婵娟"，作者本意是表达对兄弟的思念之情和对经受离别之苦的人的美好祝愿，后用来表达对亲人朋友甚至情侣的思念之情和美好祝愿。可见社会历史意义的内涵比作者意义的内涵更丰富深厚了。元稹《离思五首》的"曾经沧海难为水，除却巫山不是云"，原本表达对爱情的坚贞和对亡妻的怀念之情，后多用来比喻曾经经历过很大的场面，眼界开阔，见多识广，对比较平常的事物不放在眼里。白居易《酬乐天扬州初逢席上见赠》中"沉舟侧畔千帆过，病树前头万木春"，本意是借助比喻感叹自己的身世，自己遭到贬谪，而那些官场新贵春风得意。后人多用其哲理意义：没落的事物就让它没落吧，新生的事物必然要发展起来，社会在前进，前景无限的美好。

认识文本理解的多重意义，不仅对我们解读文本有指导意义，而且会使阅读教学产生充裕的资源和宽阔的空间，同时对培养学生解读文本的能力和从不同角度认识事物的能力，有重要价值。这就对教师提出了很高的要求，一方面应从不同角度解读文本，正确把握作品解读的各个视角，要了解不同时期、不同身份的人对文本的解读，进而透彻地理解教材，并力求对文本有自己独到的理解与发现；另一方面要正确判断学生各种理解的是非、正误、深浅，以便引导学生由浅入深，由错误到正确，由偏颇到全面，由幼稚到成熟地理解文本。教师既不能只认同或坚持某一种自认为合理的理解，否定学生的其他正确或合乎实际的理解，又不能全面肯定学生的所有解读，特别是那些不正确、不得当、不深入、不全面地解读，总之要让学生能"更好地理解"并"理解得更好"。

文本的多元化、多视角理解是教师教学的基础，紧接着是需要对文本进行解构，即对体式进行破解，在此前提下对阅读教学进行内容选择和内容重构，并对教学内容进行整合、加工、改造，构建教学载体，形成教学活动过程。在教学内容确定之后对文本处理应体现三个层次：思想内涵，艺术表现，语言审美。三个层次相互包容，相互作用，不可孤立解读，也不可

## 第二章 初中语文阅读教学策略

顾此失彼。

## 二、问题探究

这里从教师设置问题和学生质疑两个角度谈"问题探究"的策略问题。

### (一)教师提出问题

**1. 存在的问题**

通过问题的提出和解决推进阅读教学的进程,解读文本,实现教学目标,提升和发展阅读的能力,在阅读中学会阅读,这是阅读教学基本策略之一。设置和指导解决问题,不但可以指导学生解读文本,而且可以有效地解构文本。合理适切的问题设置,有利于引导学生深入地思考,有效地解读文本揭示内容的本质特征,使学生的思维更加开放舒展。然而就常态课堂来说,一些教师设置的问题不但没有起到积极的作用,反而偏离了教学的方向,忽视和丢弃了文本的核心教学资源,降低了阅读教学质量,弱化了阅读思维能力的培养。具体来说有以下几个方面的问题:

(1)浅

阅读教学肤浅有多种表现,最普遍的是两种。第一种是局限于文本表面的理解,教师设置的问题是所有学生"一望而知"的东西,而"未能望到"或"望而不知"的内容却涉及不到。这样的课看上去很流畅、顺利、热闹,没有多少磕磕绊绊,提出的问题学生都能很"全面"很"正确"地解答出来。设置的问题难度和高度在多数学生认知水平线以下,这种课缺少了价值和含金量。比如执教《散步》,教师提出的问题是:一家人在什么季节到野外散步?散步发生了怎样的分歧?后来是如何解决的?纯属多余。第二种是把提问仅仅定位于甚或拘泥于获得关于文本理解或某个问题的"正确"答案,过于重视问题解答的标准与合理。一种现象:执教《海燕》这般提问,"在苍茫的大海上,狂风_____?""在乌云和大海之间,海燕_____?"以课文语句的连接作为问答内容,教师可能是通过这种方式去让学生领会作品的内容,也可能是教师认为只要有问题引导,就不能算是单向灌输。另一种现象:执教《老王》,首先提问,你怎样理解文中"那是一个幸运的人对一个不幸者的愧怍"这句话的含义?学生作了认真的思考回答,但紧接着教师用多媒体把"标准答案"展示出来。这样做严重打击了学生的自信心和自尊心,更重要的是反映了教学理念上的问题,在教师的观念中,追求答案的正确性、标准化是提问的主要目的和价值取向,阅读能力培养却被抛到脑后。这是思想认识上的"浅"。

(2)偏

所谓"偏",就是偏离文本设疑,问题讨论脱离了文本,甚至误读、背离文本。有教师执教《云南的歌会》,让学生阅读、概括云南歌会的三种形式,用了15分钟时间。之后提出一个问题:观赏下面的歌唱演出,看与课文所写的歌唱有什么不同?随后陆续播放了电影《刘三姐》、歌手的演出片段、春晚上的流行歌曲。这个过程用去了20多分钟。最后用3分钟让学生谈谈自己的看法后下课。这节课学生享受了歌唱艺术之美,忘却了文本自身艺术之美的欣赏与品味,教师把重点放在区别云南的歌会与电影、歌手的演唱的不同,在教学方向上偏离了文本的核心教学价值。《云南的歌会》的文本特质在于典型化的选材构想,出色的语言表现艺术,呈现作者所称颂的文化现象及其反映的云南人自然、乐观的生命状态。问题的设置偏离文本特质所表现的核心教学价值,以致旁逸斜出,离题万里。

(3)错

这里的"错"分为两个方面:一是文本解读错误,导致设疑偏离正确轨道;二是设疑时语言表达错误导致设疑失败。例如,有教师执教《猫》,提出一个这样的问题:从养三只猫的经历谈谈整篇文章表达了怎样的中心思想?按照这个问题的指向,学生回答"做事反对主观臆断,要明辨是非","有缺陷的个体常常遭到误解,不能凭借个人的好恶判断事物的性质",教师予以充分地肯定。这并非全文的中心思想,概括全文的中心思想需要结合养三只猫的经历、遭遇入手去综合概括作品的中心思想,那就是生命是脆弱的,弱小者的生命尤其脆弱,我们应该心存仁爱与悲悯,勇敢地承担责任,珍视爱护弱小的生命,或者人性的善与恶、美与丑是这个世界上悲喜剧发生的根源。有教师执教《孔乙己》提出了一个问题,体会课文对"掌柜""店伙计""何大人""丁举人""短衣帮"等人物的刻画和有关场面的描写,你认为造成孔乙己悲剧命运的原因是什么?这个问题的答案应该从主客观两个方面去考虑。

(4)散

所谓"散",就是肢解课文,在问题设置上,没有贯穿内容或过程的主线或凝聚教学内容的核心,把羊放出去却没有办法再拢回来。这说明教师教学目标意识比较淡薄,教学目标在教师心中还比较模糊,似乎教什么也行,随意性很强。具体有两种情况:一是面面俱到,问题成堆。教师并没有对教学内容进行合理地选择和重构,眉毛胡子一起抓;也没有考虑学情,学生哪些能够或已经理解把握,哪些理解不了或关注不到,教师并不清楚,这样设计问题寻求解答十分盲目,问题越多越无效。二是漫无目的,脱离教学目标。没有"吃透"教材,没有认识到作品的教学资源所在,更没有认识到文本具有的特质,因而找不到文本解读的突破点,也找不到能够提纲挈领、一以贯之的"主问题",不能做到"牵一发而动全身",只是设置一些无关痛痒的零散的问题。比如教小说就按照"整体感知""局部或分步探究""归纳总结、拓展延伸"设计大的问题,"局部或分步探究"则按照情节、人物、环境分别设置若干问题,结果是问题成堆,重点淹没,一篇课文下来学生被问得晕头转向糊里糊涂,不知道学了些什么,而学生真正存在问题或者未能发现的精彩之处却没有问题导引。有的教师执教《从百草园到三味书屋》时,大小问题达到四十个之多,教授《沁园春·雪》时,有二十多个,教授巴金的短文《日》竟然也超过了十个问题。这些数字反映了教师教学理念上存在的问题,那就是以提问代替学生的自主探究,以缺乏开放性、没有学生自主思维空间的问题灌输教师预设的理解。

(5)难

所谓"难",就是设置问题超出学生的生活视野、认知能力和思维水平,没有落在"最近发展区"之内,看上去问题很有创意或深意,但学生不能"配合",出现"冷场""沉闷"的课堂局面。其中,有的问题远远高出学生"最近发展区",学生"跳而不得";有的问题提出的时机不当,某个问题应在深入理解文本后提出,但却在初读时提出,学生自然是一头雾水。有的教师执教李白的《行路难》,让学生理解欣赏之后,要求写一首小诗(古诗、现代诗均可)表达自己对课文的理解和感悟。这个想法既能展示对诗歌的领悟,又能锻炼表达能力,却不适合初中大部分学生的实际情况。别说八年级学生,即使作为语文教师能写出像样诗歌的人也不多见,无论是现代诗还是古体诗。又如《桃花源记》,如果是九年级学生可以把下面的三个问题放在初读中解决,而如果是七年级学生就需要放在深入理解文本之后提出和解决。①"其中往来种作,男女衣着,悉如外人""遂与外人间隔""不足为外人道也"三个"外人"所指是否一致?如果不一致,那分别指什么?第一个"外人"应为"秦以前的人(古人)",后两处的"外人"应是桃花源外面的人。②"落英缤纷"中的"落英"到底是"落花"还是初开的花?答案为"初开的花"而不是"脱落的花"。③"此人一一为具言所闻,皆叹惋"中"惋"作何理解,"叹惋"的内容是什么?答案为"惊叹"而不是"惋惜"。这些问题不仅仅是字面语言的解释,更是涉及对文义的推断和理解,需要结合文本内容做深入地理解才能够真正地解决这个问题。

2.问题设置的思维视角

视角一,增强目标意识、文本意识、学生意识。

(1)关于目标意识

"功课里边,有些地方并不难懂,只是这里有点值得思考的东西……在这种地方,提出个问题来问一下,首先可以把难点、关键点突出,引导学生去思考。"提问是为了帮助学生更好地学习文本语言、理解文本内涵,要有明确的目标指向,或为学习文本确定方向,或为摸清学情,或为指导学生领悟学习方法,或为理解语言表现效果,或为发散学生思维,或为归纳提炼总结,或为反刍梳理等,只有明确目的,提问才能有的放矢。

例如,理解《海燕》难点是其中形象的象征内涵及其与所表达中心思想的关系,如果在此设问,就需要引导学生搜集写作背景材料,建立这些背景材料和文本内容包括象征意义的关系。否则学生无法正确地解决相关问题,可能会把"海燕"的象征内涵理解成普遍意义上的在逆境中与恶劣环境英勇搏斗的勇士。

其次,问题设置要有明确的针对性。一是针对共同认可的教学资源。这个教学资源可能就是学生共同的关注点,针对这个关注点开展教学可以更好地聚焦学生的目光、激发学生的探索欲望。学习《秋天的怀念》应该更关注作品的内外线索,如作者情感的变化发展过程、事件的发展变化和"秋天""怀念"等字眼的内涵。学习《变色龙》可能会关注小说塑造人物的手法以及人物的典型意义。依此设置问题,有利于适应学生本真的阅读诉求,有利于提高文本探究的质量和效益。二是针对疑难点。将疑难点化解为问题情境,可以解决文本的重点和难点。其中可以呈现学生错误的理解,引导学生分析判断,将问题化解。例如,《孔乙己》主人公在咸亨酒店的遭遇和悲剧命运究竟有什么典型性?是不是在科举时代所有没有"进学"的读书人都跟孔乙己一样的品性和命运?《从百草园到三味书屋》"我"对"百草园"和"三味书屋"的生活感受是否完全相反?写"美女蛇"的故事,写我遭到先生的冷遇究竟有什么用意?《曹刿论战》中曹刿果真作为一介平民,究竟会不会有资格和机会觐见国君,质询政事国策并得到耐心解答?鲁庄公贵为一国之君,在大军压境之际不会不召集文臣武将制定作战部署,共商御敌之策,可他竟然能平心静气地接受一介平民的一再"质问",而在战场上对曹刿"惟命是从",战后又"不耻下问"。其人是愚昧糊涂、胸无城府、眼光短浅、才能粗鄙的"肉食者",还是一位胸怀大度、从善如流的"明君"?三是针对发散点。教师应当善于利用教材中大量的空白、开放性的空间以及内容的聚焦点,设置自由发挥的情境。如《最后一片叶子》通过"悬念"设置,令人震撼而让人信服地表现生活的"出人意料"。生活中有着诸多"意外",这"意外"发生的前因后果复杂多样。那么琼西怎样得知那"一片叶子"为贝尔曼所画呢?除去苏艾外还有哪些渠道?学生可做多种推断:一是医生。医生再次见到琼西,说到贝尔曼死亡的原因,琼西会产生相关联想;贝尔曼接受医生诊断时谈到琼西生病的事情,医生转告给了琼西。二是看门人。看门人把风雨之夜过后看到贝尔曼的情景告诉了琼西。三是琼西自己的推测。画到墙上的叶子,贝尔曼离开了人世,琼西会把这两者联系起来。这几种推断像课文已有的"渠道"一样都具有可能性,不管哪一种更接近"事实"真相,都可以有力地表现"感人肺腑"的人间真情,折射出耀眼的人性光辉。而在这个过程中,学生对文本的解读达到了一定的深度,也真正参与到文本内容的构建中来。再比如教学《窗》设置这样的问题:当第二个病人费了好大的力气,看到窗外只是光秃秃的墙时他会怎样想?学生可做多种联想多种答案:他顿悟,原来他能活到今天正是因为那同室病人的善意欺骗,并且十分感激;他觉得应该为他人着想,于是内心便有了快乐和安慰,病情也出奇般好了起来;此人看到真相后气愤恼怒,一命呜呼。四是针对矛盾点。文本中包含着表里、因果、内外、前后、彼此等多种矛盾,它们反映了事物之间的联系和本质属性,抓住文本中的重要矛盾创设问题情境,可以为学生探究设置挑战,使学生进入到作品的深处,探究到语言背后的秘密。在《皇帝的新装》中设置的问题为:无论皇帝还是老大臣、官员乃至百姓们,本来什么也没有看到,却为什么说布料和新装如何美丽漂亮呢?这种矛盾究竟反映了人们什么思想状态和性格特征呢?如果学生能够联系骗子的"陷阱",就可以揭示作者的写作意图——揭露统治阶级的荒淫、昏庸、专制,并由此联想到人们的"从众"心态和每个人内心深处被世俗所侵染而滋生的虚伪、自私、虚荣品性,从而有力地突破了课文的难点。《伟大的悲剧》既然是"悲剧"为什么用"伟大"来形容?《我的老师》写的都是一些平凡小事,但"我"为什么说老师是"多么伟大的人"呢?"孔乙己"开始穿着又脏又破的"长衫",后来为何又让他脱掉长衫改穿"破夹袄"呢?孔乙己"品行"好,为什么到死也没有还上拖欠的十九个钱呢?作者说孔乙己"大约"死了,为什么又说是"的确"死了?《变色龙》主人公每一次"变色"都对上一次态度作自我否定,这反映出什么?答案是他在坚守"法律"和维护"专制"之间的深刻心理矛盾,《范进中举》中范进在胡屠户面前的"矛盾"表现比较的突出,胡屠户、众乡邻、张乡绅等对范进态度"矛盾"的表现就更加鲜明突出、更加发人深省。几乎每一篇课文都可以找到关系作品核心内容的"矛盾",抓住这些矛盾往往就可以找到破解作品的密码,通过剖析这些矛盾就会使作品的主题显现出来。

(2)关于文本意识

文本解读基本的要求是守正出新,问题设置的价值取向是文本解读,因此问题的指向首先要关注作者的原初意图。作品所表现的春光春色、秋叶秋实、风霜雨雪、喜怒哀乐、爱恨悲欢都是作者内心世界、思想情感的反射,这些通过语言文字表现和反映出来,阅读教学就需要引导学生去发现、探究、感悟并在教师的引导下,因文悟道,以道解文。而要做到这些,就需要通过教学细节落实文本原初意图的解读。文本解读过程中存在的最大问题是师生缺少自己的理解,一味照抄照搬教学参考书和他人现成的经验案例,因此常常出现曲解文本的问题。

文本理解设置问题应考虑以下几个方面:

第一,着眼于文本整体的感知理解。例如,《范进中举》设置这样的问题:浏览课文,假如请你以范进乡邻知情人身份,把"范进中举"这个"奇闻异事"告诉谈天的乡亲们,你会从哪些角度告诉乡亲们哪些消息?这就需要把这个故事中最抢眼、最独特、最令人感兴趣甚或最耐人寻味的地方展示出来。比如那个穿得破烂不堪、无能无奈、科考中屡败屡战的范进中举后竟然发了疯;眼看着乐极生悲,叫杀猪的老丈人一个耳光给扇过来了;送喜报的人到范家了,范进因为家里揭不开锅了,正在集上卖鸡换米;左邻右舍送啥的都有,东西堆满了破草屋,张乡绅还送银子和房子给他呢。这样的问题设置需要学生有效地筛选信息,并创造性地呈现作品主要内容,为下一步解读文本奠定了良好基础。又如《故乡》:小说写"我"回到阔别已久的故乡,情感经历了一系列的变化过程。请速读课文,说说"我"有着怎样的情感经历?简单地说出理由。通过内容和"我"的情感的关系梳理出情感变化的过程:希望—失望—绝望—期望,这需要引导学生通过对作品中景物、人物以及人物变化的描写去把握。把握了情感变化过程,自然也就领悟了小说悲凉的主色调,从而为深入体会作品的思想内容奠定基础。

第二,着眼于文本特质和核心内容解读。关于文本特质和核心内容问题设计应当具有启发性、针对性和丰富的生成性,有利于把握文本的本质特征。教学《最后一课》可设置两个问题:一是小弗朗士"上学""上课"过程中,心情有怎样的变化?对韩麦尔先生在"最后一课"上的衣着神情、言语行为的描写,表达了人物怎样的思想情感?前一问题"从小弗朗士入",引导学生梳理情节线索,感受最后一课的起伏变化,后一问题"从韩麦尔先生出",通过解剖人物的穿着神情和语言内涵,领会文本人物情感思想,感悟作品所反映的强烈爱国主题。两者相得益彰,实现了对文本核心教学价值的利用。

第三,着眼于文本"平凡"之处。由于受到生活视野、知识宽广度以及阅读能力水平的限制,学生关于文本的解读,常常局限于表面或剑走偏锋,尤其是文本中那些看似不起眼却十分重要的部分常常被学生忽略。这就需要通过问题引导启发思考和探究。如教学《爱莲说》,学生可能更关注作者所表现的"莲"之形象、"莲"之君子品质等,会忽视对"莲"之爱的理解。作者拿"菊"之爱、"牡丹"之爱与"莲"之爱作对比和烘托,从而表达作者的写作意图——对追名逐利世风的鄙弃和批判。这是需要教师设疑进行引导的。

第四,着眼于文本之间的相互联系。教学《孔乙己》可设计咸亨酒店内外的场景,不同的人所处阶层、地位不同,但对孔乙己其人其事的态度却是惊人的相同,这反映了什么?解决这个问题可以立足课文本身,领会不同的人,或嘲笑,或哄笑,或摧残孔乙己的肢体,表现出病态社会人们的冷漠、麻木和残忍;也可以引导学生与《藤野先生》中中国人为"中国人被日本人枪毙"而欢呼雀跃的情景进行类比,领悟"看客"心理扭曲所表现出的愚昧、麻木不仁的共同特点,表现鲁迅先生"揭出病痛,激起人民的反抗意识"。又如教学《孔乙己》设置并解决"小说以第一人称叙述故事在构思作品和表达主题方面有什么作用"的问题,可以与《我的叔叔于勒》中的叙述角度进行比较,归纳一些共有的特点或规律:作品中的"我"为作品中的人物之一,参与或目睹故事的发生发展过程,是作品内容的组成部分;都是线索人物,以"我"的所见、所闻、所感贯穿作品始终,有结构作品的作用;包含着明显的思想情感倾向,对于表现作品主题有着举足轻重的价值。两篇小说的不同也很明显,《孔乙己》是以二十年前后"我"的视角展示了孔乙己的故事,这里面既有"店伙计"的心态,也有成年后看待孔乙己的眼光。但总的来说"我"作为一个旁观者,虽然不同于掌柜的势利、何家和丁举人的残忍、短衣帮的麻木与愚昧,但始终也是对孔乙己冷眼旁观的,这就创造了文本冷峻、悲凉的情感基调。"我"与周围人共同构成了孔乙己"地狱般"的生存环境。《我的叔叔于勒》以"我"的行为表现对人与人关系的信心和希望。

(3)关于学生意识

第一,提问设计要全面深入地把握学情。学生的学习渠道和认知结构在不断扩大和发展变化,这是教学的基础,也是问题设置的前提。课堂教学必须研究学生的心理,把握学生的学科视野、认知结构和认知水平,这样设置疑问才会适合学生的需求。同时要有的放矢,分层施教。

第二,问题的设置要激发学生的思维活力和促进思维的发展。教师要在把握学生认知角度和思维方式的基础上,注意创新视角,寻找学生的兴趣点和思维激发点,要设置一定的难度并铺设相应的台阶,让学生逐步地化解难题,深入解读文本。另外,问题设置避免一种形式、一个面孔。比如教学《阿长与〈山海经〉》设置的问题是:作者对阿长抱有怎样的情感?为什么会有变化转折?这种写法是什么以及有什么好处?这样设问有力地促动了学生的思维,触动了学生的智慧开关。

第三,设疑在学生有疑之处。"不愤不启,不悱不发",应通过问题设置指导学生分析和解决所"愤"所"悱"。黄厚江先生教学《黔之驴》,在分析驴和虎的形象之后,提出一个这样的问题:课文中写虎的内容比写驴的内容多,将题目改为"黔之虎"如何?这样设问引发了学生的深入思考,促进学生进行深度阅读课文,体会作品的深刻寓意和写作意图。学习《孔乙己》学生发现了孔乙己身上的诸多矛盾,并对他为什么会有这些矛盾以及孔乙己为什么会有悲剧命运疑惑不解,对在孔乙己悲惨命运形成过程中他周围的人各自起到了怎样的作用也有疑团,从这些视角去设置问题,可以引导学生建立与文本的密切联系,这样可以有效地利用文本核心产生的教学价值。

第四,于无疑处设疑。那些容易被学生忽略但往往又是作者匠心独运的内容,这就需要"于无疑处生疑",引导学生去探究。例如,教学梁衡《壶口瀑布》,枯水季节的瀑布最能体现其特征,写得非常详细,那为何还要写雨季的瀑布呢?既然水是描写的聚焦点,作者为何又去写石头?本文情与景、物与理是如何结合在一起的?这些问题大多是学生忽略的内容,这样设疑可有效地利用文本教学价值,有利于感悟文本解读的经验。

第五,较难的问题要搭建台阶。教学《桃花源记》,学生欣赏了桃花源的"美""乐""奇",设置这样的问题:"陶渊明虚构桃花源的美好世界,有人说这是一种积极的理想,也有人说是消极的逃避,你是怎样理解的?"化解这个问题需要搭建台阶,否则学生就会陷入困境。一是要思考从哪里可以看出桃花源这个"美好世界"是虚构的?二是要结合社会背景和作者思想经历,思考作者为什么要虚构这样一个美好的世界?三是思考这是积极的理想还是消极的逃避?最终学生体会到,桃花源是陶渊明积极进步社会理想的寄托,一方面他并没有逃避现实,而是面对现实。从开头的时间和结尾的人物的可靠性上说,作者并未抛弃现实;另一方面表现了他对黑暗现实的彻底否定:桃花源民主平等——没有剥削压迫,自给自足——没有徭役赋税,和平安宁——没有征战离乱之苦,人与人关系和谐——没有门阀等级和官场的黑暗。

视角二,注重问题间的有机联系。

阅读教学问题设置应为遵循文本特征、学生阅读心理规律基础上的一个整体系统,而要形成这样的整体,就需要注重建立问题间的有机联系,形成严谨的逻辑结构,这个结构整体看上去可以是一条锁链,一溜台阶,一个围绕圆心的圆圈,一张有张有弛的渔网或一只由多层物质构成的鸡蛋……通过不同关系问题的设置与解决,建立文本解剖的思维过程,实现对文本有创意、有广度、有深度的解读。

(1)形成辐射关系,追求解读的全面性

围绕文本的核心内容这一原点,形成文本解读的若干放射性问题,这些问题之间形成并举并列的关系,分别从不同视角建立起核心内容与其他内容要素之间的关系。解决这些并举并列的问题,文本的意义也就在学生思想中建立起来了。这里的关键问题,一是正确确立核心内容。这个核心内容可能是这一文本的"特质",也可能是文本"话题"或文本中心内容;二是找到核心内容与各辐射问题之间的有机联系。

例如,教学《故乡》,第一个层面设置三个问题:一是回到故乡"我"的心情有怎样的变化?二是故乡环境面貌有着怎样的变化?三是故乡的人物有着怎样的变化?第二个层面设置四个问题:一是少年与中年闰土的外貌相比发生了怎样的变化?二是二十年间杨二嫂的外貌有怎样的变化?三是作者怎样表现闰土的言谈及其"失语"的,这反映了人物怎样的精神状态和生活处境?四是作者怎样表现杨二嫂的言谈及其"癫语",这反映了人物怎样的性格特征和社会现实?其中第一个层面围绕"故乡的变化及'我'的感受"这一核心,第二个层面以"故乡人物的变化"为原点。这些问题之间如同车轮中的"辐"与"辐"之间的状态一样呈现并举并立之态,从不同的内容、不同的人物、不同的角度对文本进行解读:前者通过"我"眼中故乡的多种变化从整体上感知文本,三个"变化"突出了文本主体内容;后者从不同视角表现了不同人物的言谈举止、思想性格和现实处境,着眼于对文本"特质"和核心教学内容的具体解读。这样,将整体和局部结合起来,达到了多方位、多侧面解读文本的目的,有效地拓宽了学生的思维视野。

(2)呈现层递关系,增强解读的深刻性

层递关系是以文本体式、"特质"以及学生阅读诉求为基础,设置的问题之间呈现出外与内、因与果、深与浅等多种形式的层递关系,通过"台阶式"的逐步攀升和"掘进式"的不断深入,力求对文本透彻、深刻的解读。

前后问题之间表现出明显的难易、深浅、高低的差别和梯次,前一问题的解决是后一问题解决的基础和前提,后一问题是前一问题进一步发展的必然结果。而在这个过程中学生思维的连贯性、深刻性也得到有效培养和发展,并从中感悟解读文本的科学方法。

教学《记承天寺夜游》设置问题为:①月光造访、偕友步游、欣赏诗画般的月景,是如何表现作者"快乐"情感的?②"知人论世"了解了苏轼坎坷的人生遭遇和此时的生活处境、胸中的悲愁,你认为这"快乐"又表现了作者怎样的人生境界?这两个问题就形成外与内、表与里的关系。很显然,前者让学生感受到的只是作者"闲逸"中的"快乐",而后者则让学生认识挫折和坎坷下的"快乐",这种"快乐"已经变成作者敢于面对不幸挫折、勇于超脱现实苦难的人生态度,变成了其宽广胸襟、豁达情怀、坚韧品格的注脚。这个过程,有着倾力探寻思索的曲折,也有着由浅入深、由拨雨撩云到豁然顿悟的惊喜。教学《桃花源记》设置三个问题:一是作者是如何表现桃花源的"美""乐""奇"特征的?二是何以见得如此富有魅力的桃花源并不存在?三是既然不存在,作者为何要虚构它?首先,这三个问题构成了前后相陈的因果关系,前一问题是结果,后一问题是前一问题的原因,通过不断地挖掘,由文本呈现的具体现象入手,最终领悟出作者描写它们的原因。其次,这种问题设计也体现了层递式问题设置的一般特点,从外部联系上说,是由现象到本质,从客观到主观;从意义理解的难度上说,是由易到难、由简单到复杂、由具体到抽象。后一问题总是在前一问题的基础上挖掘文本的意义,使问题逐步指向更深更广的空间,但又能为学生及时提供凭借,不超出学生认知的"最近发展区",从而不断将学生的思维引向深处。

(3)建立勾连关系,提高解读的灵活性

这里的勾连关系特指问题设置建立文本与文本的横向联系,在更广阔的视域内通过内外勾连对文本进行解读。通过内外的类比、观照,突出文本资源的特征,认识文本的学习价值,建立文本的意义。

教学《武陵春》,首先,为深入体会和把握词人悲凉凄惨的情感,设置两个问题:一是比较李清照同是表现"泛舟溪上"内容的《如梦令》和《武陵春》,两首词表达的心境有什么不同?二是探究词人坎坷的命运遭际和现实处境,说说词人情感为什么会有如此巨大的差别?其中前一个问题的立足对文本本身所反映的客观情绪和学生阅读感受的勾连,后一个问题是对词人不同处境和情绪的比较,在更广阔的生活背景和人物命运历史的视域内,探究人物思想情感反映的因果逻辑,使文本解读增强了客观性和准确性。其次,为体会词人对愁绪独特的感受力和表现力,设置两个相关问题:一是"愁"绪虽然抽象而难以状貌和计量,但诗人作家总能找到表现它的载体和方法。贺铸"试问闲愁都几许?一川烟草,满城风絮,梅子黄时雨",李煜"问君能有几多愁,恰似一江春水向东流",李白"抽刀断水水更流,举杯消愁愁更愁",它们分别写出了"愁"怎样的特征?二是与之相比,李清照"只恐双溪舴艋舟,载不动,许多愁"又写出了"愁"怎样的属性特征呢?通过文本内外类比,学生能够清楚地发现,有的画出了"愁"的形态,有的量出了"愁"的长度,有的感受到了"愁"的韧度,而李清照则独出心裁,称出了"愁"的重量。造语新颖别致而又自然妥帖,因其上承"轻舟"而来,而"轻舟"又承"双溪"而来,寓情于景,浑然天成,构成了完整的假设性意境,给人悠长的回味。

(4)促成逆转关系,增强解读的新颖性

逆转关系是问题之间构成前后的转折关系,或解读文本进行的逆向思考。它着眼于对"还可以怎么样""换一种思路如何"的探索,通过对文本内容假设的否定、替换、删除或添加,实现读者与作者对作品内容的共同创作和对文本意义的共同建构。

教学《黔之驴》,首先立足故事本身设置问题:一是从老虎的胜利中你领悟出怎样的生活哲理?二是假如这曾是一头善战的"野驴",面对老虎的试探不动声色,而能瞅准机会"蹄"击老虎要害,结果会是怎样?前一问题是从文本某一角度解读寓言的意义,后一问题是从反向思考,改变故事内容和结局,以新的内容形态如驴子获胜来体会作品的客观意义。其次立足作品构思和写作目的问题设置:一是作者通过这则寓言寄寓怎样的生活哲理？二是文中大部分篇幅写虎,那么题目改成"黔之虎"怎样？前一问题是追寻作者以"黔之驴"为题、为主要表现对象的写作目的,那就是批判驴子的表里不一、缺乏"德能"、不自量力,对其下场表示同情。而对老虎不但没有任何批判,反而有着担心和同情,因为曾被驴子的外观、叫声和陌生的形象所哄骗。第二个问题则是反作者其意而行之,若以"黔之虎"为题,寓意则成为做事要谨慎从事,"知己知彼",坚持始终等,显然与作者的原初意图不符。而这种反向思维的价值正在于此,在观照、还原作者意图的同时,也建构文本新的意义,培养了学生创造性思维能力。

(5)设置收放关系,加强解读的科学性

收放关系是指问题之间构成分散与聚合、演绎与归纳、撒网与收网的关系,其目的在于对文本解读实现由具象到抽象、由个性到共性、由解构到整合、由感性到理性的跨越与升华,在趋同求异、追根溯源的过程中形成对文本的科学理解和整体把握,在"沉乎其中"与"出乎其外"的经历中体验文本解读的思路与方法。

教学《范进中举》设计这样的问题:一是范进中举前后周围人们有着怎样的变化？二是在各色人物的各种变化中隐藏的共同不变的东西是什么？三是表现人物变化运用的主要艺术手法及其作用是什么？第一个问题是"放",是"撒网",引导学生进入文本细节,从各个局部和不同视角进行个性化体验和感悟。后两个问题则是"收",是"拉网",着眼整体上综合和隐性意义的探究。其中第二个问题关于"变化"中的"不变",立足在个性、表面、局部理解基础上的共性提炼、深层探究和整体融合,也是异中求同和追根溯源。第三个问题从对人物"变化"的探索过渡到对讽刺艺术的感悟,既是作品欣赏的自然延伸,也是对第一个问题的理性归纳,而对讽刺艺术及其作用的反刍、整合,为把握作品的思想艺术价值奠定了基础。

构建问题间的逻辑关系是重构教学内容的应有内涵,也是开辟阅读教学途径、提高阅读教学效益的必然诉求。实际上,构建问题间的逻辑关系,既是建立整个文本教学资源之间的有机联系,通过有条理、有层次的解读,发挥整体资源对学生阅读能力发展的积极影响,当然也是寻找解剖文本核心教学内容和文本"凸点"的多种入口和多种层次,从而追求深入透彻的解读。因此,对于教师来说,重要的是要"吃透"文本,充分认识文本资源的不同属性和教学价值,把握核心教学内容或文本"凸点"内部的构成要素,解析这些资源或要素之间的关系,进而才能建立正确的逻辑关系和解读层次。同时,创建问题间的逻辑关系也是适应学生阅读心理规律和增强阅读能力的有效举措。设置问题间的多种关系,为学生思维的运行开辟了多种途径,使其从阅读的过程中获得丰富而宝贵的阅读经验,并逐步"在阅读中学会阅读"。问题间的多种逻辑关系,又指向对学生思维整体性、精确性、开阔性、深刻性、新颖性的有力培养,因而问题解决的过程,也就自然实现了学生多种思维能力的提升和优秀思维品质的养成。

视角三,善于运用追问。

(1)追问的含义、意义、类型

追问,就是在学生理解的基础上追根究底地继续发问。就阅读教学来说,就是围绕教学目标设置相关问题情境,以追求在学生对文本形成一定程度理解的前提下呈现更细致、更宽广、更准确、更新颖、更深入的问题,以实现对文本由浅入深、由此及彼、由表面到深层的理解。尤其是要不失时机地抓住学生思维的灵感进行追问,以开拓学生的思路,拓宽学生的视野,刨根问底,以使其对文本理解融会贯通,直至出新出彩。

教师要做富有智慧的"追问者",就需要吃透文本,对教材核心教学价值了然于心;对学生的学习情况要有深入地理解,能在学生没有疑问的地方激疑,能让学生对没有疑问的地方产生疑问。追问从不同的角度可分为如下多种类型:

①类比追问

例如,教学《故乡》。有学生提出作者描写中年闰土语言有许多省略号,其作用是什么?教师指导学生思考作者描写少年闰土也使用了许多省略号,它们的作用又是什么呢?教师的问题学生容易看出:描写少年闰土语言使用多个省略号,表现话说得很多,滔滔不绝,省略了很多内容,说明少年闰土善于言谈,思维敏捷,心中装满了奇异有趣的事,自由思想,无拘无束，充满生命活力。由此再通过比较和体会中年闰土说话中的省略号的作用：正好相反，中年闰土语言中的省略号，表示话语中断，反映他说话吞吞吐吐、断断续续、欲言又止，这是由人物悲苦的生活处境、卑微的地位和麻木的思想性格所致。可见，追问是把相似或相近的两个问题放在一起，将一个问题作为另一个问题的铺垫或桥梁，从而帮助学生依靠自己的能力解决问题。这个追问产生在学生产生疑问的基础上，教师的问题起到了辅助性的疏导作用，能让学生茅塞顿开、豁然开朗。

②对比追问

如教学《范进中举》。有学生提出一个问题，范进中举前老丈人是那么鄙视范进，为什么中举后对范进恭敬有加？这个问题学生可以结合人物性格回答，那么教师可借此追问，范进中举前穷得都揭不开锅了，邻居们和张乡绅漠不关心，中举后竟然慷慨相助，这又说明了什么？这些内容与作品核心事件和表现作品主题有什么关系呢？这样的追问使学生对文本内涵的理解进一步地加深了，并从中领悟到在夸张和渲染之外的看似平常的描写中，也包含了作者的思绪。

③层递追问

如教学《华南虎》，学生从华南虎的不幸遭遇及其面对生命中劫难的表现，领会其形象特点后，教师提出的问题是：这首诗如果不仅表现一只身陷囹圄的老虎那么还在表现什么？诗中"我终于明白……"这句诗与下文所写华南虎发出"咆哮""腾空而去"的幻觉有什么内在联系？你从这首诗中得到了怎样的启示？从这个案例看出，首先，教师需要抓住学生思维的闪光之处，寻找与预设之间的结合点，充分地利用了文本教学价值，因势利导，发展学生的思考力。其次，以学生的疑惑为入口，设置具有连贯性和层递关系的问题进行追问，以引导学生由此及彼、由表及里、由浅入深地解读文本。这需要深入解读文本和充分预设学生思维的走向，做到无论学生从什么角度提出疑惑，都能够将其与文本的核心教学内容联系起来，左右逢源、随机应变、游刃有余。

④即时追问

教学《桃花源记》，理解文本内容是难点之一，但往往又被学生忽略而

## 第二章 初中语文阅读教学策略

发现不了,教师可以运用即时追问的方法引导学生思考:"此人一一为具言所闻,皆叹惋"其中"叹惋"的意思是"惊讶"还是"惊叹惋惜"?是谁在"叹惋"?说出自己的理由。这两个问题看似属于词语理解方面的问题,实际上属于内容的理解,学生经过文本阅读,结合写作背景便可得出结论:"叹惋"的意思应为惊讶、惊叹。尽管"问今是何世,乃不知有汉,无论魏晋",当他们听渔人叙说外面世界的巨大变化后,惊叹外面世界的变化,因下文叙述,在渔人即将离去时,"此中人语云:'不足为外人道也。'"他们对自己生活的世界是敝帚自珍的,对外界并无半点羡慕或厌恶,也就不可能对自己的生活产生惋惜之情。应该是桃花源的人"叹惋",因为这里生活安定,听到了外面的并不安定的社会状况,所以惊叹。"此人"指渔人,是他讲给桃花源的人听,人们听了以后有了这样的反应。在这里,教师的追问就顾及了学生的反应,既要说"其然",又要说出"所以然",所以才会有不错的效果。

(2)发挥追问对调控学生阅读思维的作用

追问是推动学生阅读思维进程、培养思维品质的有效方式。要想能够抓住学生闪现的灵感或思维的误区,因势利导,有的放矢,使学生思维得到开拓伸展,深入到文本内部,出现探究的亮点,必须有教师智慧的追问。

第一,指引思维走向。追问是在学生展示自己思维之后的进一步引导,学生阅读文本常常会曲解作者的意图,也可能会误解文本内容,还可能会钻牛角尖,在这种情况下,教师追问,就要引导学生转变错误的思维方式,纠正不当的理解,调整阅读思维方向,进而对文本理解更准确、更深入。有教师执教《我的母亲》,首先提出了感知课文内容的问题:课文主要表现了什么内容?一个学生脱口而出:母亲对我的爱。很显然学生是以偏概全抑或按照惯性思维作答,老师发现学生思维的偏离,于是顺着他的回答进一步追问:你说得有道理,课文5、6、7三段是写了母亲对儿子的关爱和严格要求,那么其余内容都是写"母爱"的吗?学生通过阅读思考得出结论,文章还写了母亲处理家庭的难事、矛盾和如何对待他人的侮辱,捍卫人格尊严等内容,因此这篇课文不是以"母爱"为主题的,而是写出了一位关爱儿子的母亲、宽容大度的母亲、自尊自强的母亲,这样就将学生的思维引向了正确的轨道。

　　第二,促进思维深化。由于受多重因素的影响和限制,学生在解读文本的过程中,往往出现蜻蜓点水、浮光掠影的现象,缺少对文本的深入思考,在这种情况下就应充分发挥教师的作用,通过追问来推动学生思维的深化,使学生向文本深处漫溯。如果学生理解到的只是问题的原因,那就通过追问使学生去探究其结果;如果认识到了其中的结果,即可通过追问让学生去推究其中的原因;如果学生看到了一些表面的现象,那就通过追问让学生审视现象下面隐藏的本质;如果学生局限于事情的个别特征,那就借助追问让学生归纳一般的特征。总而言之,要引导学生透过语言文字的表面,去挖掘其背后隐藏的意蕴。例如,教学《秋天的怀念》,作者对母亲、母亲对儿子以及作者对生活的情感感受,都是隐藏在语言文字背后的,特别是其中所呈现的生活细节,蕴涵十分丰富,应该通过追问引导学生去深入地品味和感悟。在此基础上让学生参阅以下材料:

　　年年月月我都到这园子里来,年年月月我都要想,母亲盼望我找到的那条路到底是什么。母亲生前没给我留下过什么隽永的哲言,或要我恪守的教诲,只是在她去世之后,她艰难的命运,坚忍的意志和毫不张扬的爱,随光阴流转,在我的印象中愈加鲜明深刻。

(史铁生《我与地坛》)

　　母亲虽然已经早早离我而去,但我总觉得母亲就在身边,几乎没有与母亲离别的感觉,可能母亲的一切都已镌刻在我的骨髓里,融化在我的血肉之中、灵魂深处。我其实是同母亲一起行走在这失去她之后的这些岁月之中,因此回溯母亲可能已经成为一种凭借,其中更多的是熔铸了对自己以及像我一样与厄运博弈者的人生的回顾、审视和探求之中了。

(史铁生《病隙碎笔》)

　　追问:你认为多年以后作者写这篇散文就是为了"怀念母亲""感念母亲对自己的关爱"吗?学生通过思考就会明白:这秋天的怀念,更是对过去苦难岁月的怀念,怀念自己由脆弱走向坚强的心路历程,表达了一个人应该怎样面对人生的苦难以及追求生命的价值意义和真谛。

第三,拓展思维局限。如果学生阅读中思维受到了限制甚至钻进了牛角,不能挣脱自己思维的局限,就需要教师通过追问加以引导,从而开拓学生的视野和思维。

第四,促使思维趋于缜密。在阅读教学中激发学生思维的活力,促进学生思维的深化,开拓思维的视野都是十分必要的,但是如果没有缜密的思维,那么这种活跃深入的思维往往也就失去了价值。思维的严密、严谨和准确是文本精读细读的基本要求,追问应该在这方面下些功夫,需要将感性思维和理性的思维有机地结合起来,构建文本的意义,去培养造就学生良好的思维品质。

如有教师执教《喂——出来》,师生问答如下:概括一下文中这是一个怎样的"洞"。这是一个默默无闻可以解决城市环境污染的洞,是一个可以无限容纳城市污染物,让海洋和天空变成蔚蓝色的洞。那洞里扔进了姑娘从前的日记本、与从前恋人的照片、犯罪分子的罪恶证据,从此你能看出这是一个怎样的"洞"?是一个可以掩盖人们精神污秽的洞,可以掩藏人们龌龊心灵的洞。作为掩藏人们灵魂真实丑陋本质的洞从其他哪些地方还可以看出来吗?可以从知识分子、商人、工人、政府官员、警察、罪犯、百姓等人身上看出来,他们的"漏洞"是精神上的。文中写了两个"洞":一个是看得见的却又是幻想的地上的洞;另一个是看不见却是真实存在的、人们心灵的洞——自私、虚伪、贪婪、目光短浅、趋利避害……学生的理解开始是不够缜密全面的,通过教师的追问引导,学生的思路越来越开阔,越来越深入,越来越缜密。追问中"追"针对的是学生现有的思维状态,依据学生的思维结果,因势利导,不断地发现,逐步提升思维层次和思维能力。

### (二)学生提出问题

1. 学生提出问题的必要性

"学生喜欢读书,却不喜欢上语文课",这种说法虽然不能将所有老师和所有语文课囊括其中,但我们不能不说这反映了一个时期以来语文课特别是阅读课普遍存在的问题。

阅读教学作为语文教学的核心任务,有着神圣而沉重的责任担当,其价值取向是高远而深刻的、丰富而多元的。第一，兴趣爱好价值取向。教师要通过阅读教学保持和发展学生阅读的兴趣进而升华为志趣，使读书成为学生的生活常态，从而为学生一生的发展奠定基础。第二，丰富积累价值取向。我们可以这样说，阅读是学生语文素养发展的源泉，学生在阅读过程中获得生活资源的积累，古今中外名人大家的生活经验被积存在学生的"生活仓库"中，成为宝贵的财富；获得语言的积累，不同作家、各种文本体式的独特而精彩的语言被吸收而内化为学生自己的语言体系，丰富学生的语言。第三，感悟阅读方法经验取向，即涵养阅读能力取向。阅读教学的根本目的应该不在于学生对课文进行客观深入的解读和解构，而在于在阅读中经历过程沉淀经验，在感悟典范语言表现艺术匠心的基础上，增长运用语言的智慧和提高阅读的能力，即所谓"用教材教"的含义。第四，涵养思维品质取向。思维能力是诸项语文能力的核心和主线，阅读教学使学生在从语言符号获取意义的过程中，通过认知、理解、评价和创新，发展思维的严密性、深刻性和批判性。第五，精神建构与人格培育取向。阅读教学是化育精神和砥砺人格之必然途径，通过涵养文本思想艺术意蕴濡染，陶冶性情，升华生命，形成奋发向上的人生态度和高远美好的价值追求。

无论哪种价值的实现甚或总体在较高水平上取得理想的效益，其必要的前提是学生从心里"喜欢语文课"、深度参与投入并有较强的获得感，"阅读"在学生身上真实而深刻地发生。而要获取这样的前提，阅读教学必然是不遗余力地突出了学生的学习主体地位，必然是最大限度尊重、满足了学生的学习诉求、需要。而"学生不喜欢语文课"则说明教师与学生、教与学没有融合为一，阅读如果没有在学生身上真正地发生，学生就根本没有沉入到文本中而只是"隔岸观火"，这样的参与肯定是浅层次的，学生的需要得不到满足，诉求得不到解决，对文本的解读自然也是隔靴搔痒、肤浅粗陋的，至于语文素养的发展更无从谈起。

2. 学生疑问的分类

那么阅读过程中学生的需要和诉求是什么呢？这似乎是再简单不过的问题了，但现在非常需要我们低下头、沉下心去认真地思考与探求，以还原学生解读文本的一般过程和普遍规律。首先,学生阅读是一个同化与顺应的过程,"同化"是指学生对文本生活内容、思想意义和语言表现等与已有认知结构发生相似联系,以至对其认同、整合、内化的过程;"顺应"则是文本生活内容、思想意义和语言表现等与已有认知结构形成矛盾对立,或学生对文本新的生活现象、思想艺术表现等出现陌生感和疑惑,然后化解矛盾、消除陌生感和疑惑,从而形成新的认知结构的过程。其次,学生阅读也是一个阅读知识意义建构的过程。一方面,阅读令学生不断产生新的收获和分享的意愿。它作为一种生命的旅程,使学生得以神游风景名胜,观赏世界的五彩缤纷,经历人生不同的命运遭际;学生获得了自己切身的感受,比如从这篇课文中感受到亲情的浓郁、人格的高尚、战争的惨烈、杰出人物气度的非同寻常,抑或产生震撼人心、发人深省、令人心醉的感受,比如感受到文本清晰的思路、独具的匠心、精彩的语言。学生在收获的同时与他人分享的意愿相伴而生,而这种分享的意义在于个性的互补和智慧的互启。另一方面,阅读令学生生成多种多样的疑问困惑及释疑解惑的诉求。按照疑问生成的过程和疑问产生的来源,姑且将其分为以下几类。

一是感知性疑问,即学生阅读感知新课文过程中产生的障碍和困惑,有读不懂看不明白的地方。这些疑问有的来自文本生活内容方面,这些内容可能是学生从未接触的领域,因而理解起来有困难,比如作为一个皇帝怎么可能会穿着根本不存在的"新装"去参加游行大典?斑羚结对飞渡悬崖的过程究竟是怎样的?一个双腿瘫痪的人面对苦难究竟是怎样的心理状态?有的来自情感意旨方面,《皇帝的新装》批判的矛头指向昏庸腐朽的统治者还是愚蠢的从众心理?《斑羚飞渡》写作意图究竟指向环保还是跪拜?史铁生讲述自己双腿瘫痪后的经历是为了怀念母亲吗?有的来自文本结构思路、语言表现方面,比如安徒生用儿童口吻去讲述皇帝的新装故事有什么突出特点?写斑羚飞渡为什么多次对彩虹进行描写?"看花"在《秋天的怀念》思想艺术表现方面具有怎样的作用?当然有的来自对文本字词句的理解方面的,比如生字词和难懂的语句,特别是古诗文中的字词句。这些都是学生在获取新的知识经验的过程遇到的障碍,初读文本后留下的整体性强但相对肤浅粗陋的困惑疑问。

二是理解性疑问。即在理解文本意义的过程中在信息交流上学生与作者、文本有一定的困难,产生了矛盾对立从而生成疑问。这种"认同"上的矛盾和障碍主要表现为两种现象:一种是文本信息与学生生活经验、已有认知之间的矛盾对立。学生对所获取的文本信息在学生头脑中形成矛盾,产生疑义,在认同上出现障碍。比如《济南的冬天》济南的一名学生在课上就提出过这样的问题:济南三面环山,可是北面是黄河无山遮拦,冬天北风呼啸,凛冽刺骨,可老舍先生为什么说济南的冬天那么"温晴"呢?既然若瑟夫"亲情未泯",那他为何不与于勒叔叔相认乃至带其回家呢?写作选材要典型,描写叙述要突出重点,可是《猫》为什么对三次养猫的经历都作了详尽叙述呢?这些因"矛盾"而产生的疑问,使学生与文本之间形成了有力地碰撞,为文本内涵的深入解读储备了势能。另一种是学生发现了文本自身的矛盾而生成疑问。如《云南的歌会》意在表现云南歌会的三种场合的三种演唱方式,可"山路漫歌"只有寥寥几行文字描述赶马女孩子的歌唱,而大量的笔墨描写山路边的各种风景,这样喧宾夺主岂不与题意矛盾吗?《小石潭记》中"石潭"与"潭源""潭水周围"环境两者之间,其特点、色调会有如此明显的差别吗?《伟大的悲剧》为什么"悲剧"是"伟大"的,作者为什么没有为成功者却为失败者作传?

三是欣赏性疑问。学生在文本"欣赏"的过程中,对文本的思想蕴涵、艺术表现的特色,或文本的精彩亮点、宝贵价值有了一定程度的认识,形成了自己的某些看法和观点,但是对自己的这些"看法""观点"的正确恰当与否,还不敢完全肯定,存有疑虑,或在不同的认识中,一时难以取舍。比如从作者意义来说,《皇帝的新装》是鞭挞以皇帝为代表的统治阶级的腐朽昏庸,还是抨击"从众""自私""虚伪"的人性?如果认为《孔乙己》有两条线索:一条是明线,以"我"的见闻与感受贯穿文中事件,以第一人称视角,定格在咸亨酒店这一特殊场景,通过诸多截面反映人物的命运轨迹,呈现为组接式结构,选取最能表现人物思想性格的片段,避免了流水账式的叙述,匠心独运;另一条是暗线,以人们对孔乙己的态度为理性线索,将人物、事件、细节紧凑严密地结合在一起。不同的人所处阶层、地位不同,但对孔乙己其人其事的态度却是惊人的相同——鄙视和冷漠。

3.学生疑问的自主化解

如何解决这些疑问,需要探索有效的途径和方法。

(1)诵读释疑

明代桐城派对吟诵已颇有深刻见地,李东阳《怀麓堂诗话》中有"若往复讽咏,久而自有所得。得于心而发之乎声,则虽千变万化,如珠之走盘,自不越乎法度之外矣";张裕钊《答吴至甫书》中亦有"古人论文者曰其始,在因声以求气,得其气,则意与辞往往因之而并显,而法不外是矣"。清代梅曾亮在《柏枧山房诗文集》中则认为,夫观书者,用目之一官而已,诵之则入于耳,益一官矣。且出于口,成于声,而畅于气。夫气者,吾身之至精者也。以吾身之至精,御古人之至精,是故浑合而无有间也。很显然,从读者的角度来说,只有往复吟诵,才会"得于心",只有"眼到""口到""耳到"方可"畅于气",阻碍于心头的块垒便被消解;从文本的角度来说只有通过读者的诵读,其"精气"方可显现出来,读者的疑难自会迎刃而解。

现代科学认为,出声的吟诵使处于脑后、脑中的视觉、听觉感知区域与处于脑前的语言感知区域迅速地建立了互动的联系,并有力地激发了前后额叶皮层的活力,使常处于"休息"状态的思维区域变得"兴奋"起来,投入对文本意义的理解,于是形象思维使文本情景变得具体生动,丰富多彩,抽象思维使各种信息建立起紧密的联系,初读中的一些模糊不清的含义变得清晰明朗起来,疑难困惑也被有效地化解。日常阅读教学多以吟诵"读通""读顺"课文为目的,而没有认识到它对于展现文本情景、深入理解文本意义、消除阅读障碍所具有的功用价值。

(2)涵泳释疑

古人早已将涵泳作为文学艺术鉴赏的一种态度和方法,"此语或中或否,皆出臆度,要之未可遽论,且涵泳玩索,久之当自有见"(《朱子语类·性理》)。尤其优秀的文学作品,有着丰富深刻的思想意蕴和独特精湛的艺术匠心,状景叙事、诉情言理大都含蓄内敛,往往远兴近比、言此意彼、云遮雾罩、深藏机杼,要达到读者与文本"浑合而无有间"的境地,是需要花费一些心思的。

首先,要"沉潜其中",反复玩索。静下心来沉入文本深处和细微之处,反复揣摩,进而领悟语言文字中蕴藏的奥秘或"味外之旨"。《驿路梨花》其中与"梨花"有关的内容有很多,比如它是一位哈尼小姑娘及出嫁姐姐的名字,也是作品故事发生的自然环境,还是古诗意境的意象。从"梨花"到作品的意旨,有着表层与深层的关系。进行反复地咀嚼,即可品尝出其释放的滋味,体悟语言背后的含义。

其次,要专心致志,优游冥想。解读文本阅读中存在的具有一定难度的疑问,必然需要读者排除各种外界环境内部心绪的干扰,将注意力集中到所要解决的问题上面,并建立文本意义的多种联系,以寻求问题的解决,这就是冥想释疑。阅读中进行冥想使大脑形成了一些临时的神经网络,以有效地整合认知和情感功能,并使背外侧前额叶皮层活动加剧,从而为疑难的化解构建了思维过程。如果说涵泳着力于文本局部的形象蕴藉的语言文字,通过反复地咀嚼,品尝其特有的滋味,体悟语言背后的意旨,那么,默想则一方面由源问题为核心,寻找与疑难有关联的内容和节点,展开丰富的联想想象,再现文本所表现的生活情境、行为状态,作者倾注隐匿其中的情感、意脉,使其由模糊变得清晰,由微弱变得强烈,为使产生的问题得到客观合理的答案奠定了基础;另一方面由源问题出发,根据问题解决的需要寻绎整个文本中相关的信息,并破解这些信息之间的依存关系,通过分析判断、推理归纳等思维方式化解阅读的疑难。如教学《秋天的怀念》学生提出的问题是:为什么能将复杂的情感和事件写得有条不紊?结尾为何对菊花做生动优美的描写?要解决这两个疑问,首先需要设身处地将人物置于历史和现实的情境中,想象"我"在重大挫折面前对生活绝望的状态和"母亲"为唤起儿子面对人生的勇气和执着于人生未来的信念而忧心如焚的表现,就可以理解"看花"是母亲坚韧品格的表现,也是她处心积虑抓到的一根"救命稻草",三次看花成为促使人物人生态度转变的动因和贯穿作品内容的线索。结尾对菊花做生动优美描写的用意,应该进行相关想象,联系全文进行判断,这是对母爱的一种应答,也是对母亲坚韧品质的隐喻,并表达了一种生活的真理——只要不屈服于多舛的命运,不同的人就会绽放出不同的光彩。

(3)探究释疑

一是还原作者的"位置"。优秀作品尤其是文学作品因其以高超的表现艺术反映了生活的本质,而能够超越遥远的时空界限绽放出绚烂的光彩,在不同时代、不同地域的读者心里引发强烈共鸣。这种"共鸣"表明作品反映了人类生活和思想情感的共性,但同时我们还必须清楚这些作品又都是属于"个性"的,因为他们均为特定时代社会生活及与其相依存的人类思想情感的产物,这些作品也就必然打上时代、地域和作者生命经历的烙印。而这些"个性"的成分,有的散落在语言文字中,有的隐藏在语言文字的背后,成为学生阅读理解的障碍和疑问。而要清除化解这些障碍和疑问仅从文本本身是难以做到的,需要走出文本,去还原作者写作时所处的"位置",即所处的时代、地域以及生命经历与价值追求。这就需要从这些疑问出发,通过相关材料的搜寻和探究,建立文本内外的有机联系,从而解决疑难困惑。例如,《记承天寺夜游》学生就提出了"闲人"有什么含义的问题。是"闲极无聊、无所事事之人",还是"闲情雅致之人",抑或"赋闲自慰之人"?这就需要学生去探究苏轼写作的处境及其与"月亮"的文化情结。元丰二年苏轼被诬陷以诗诽谤朝廷,被捕入狱。出狱后被贬到黄州任团练副使,做着有职无权的闲官,在城东买坡地耕种养家。与有着同样遭遇的张怀民为伴欣赏月夜,"闲人"一词显然包含了郁郁不得志的悲凉心境,而"闲人"竟然能兴味盎然欣赏到如诗如画的景致,这闲情逸致表现了超脱现实苦难的胸襟,面对不幸挫折的坚韧品格。月光的空明澄澈影响了苏轼的人生态度,苏轼能在逆境中欣赏优美的月景,两者互为因果,相生相成。这样的探究不但有效地化解了疑难,而且对文本意蕴的领悟也达到深刻的地步。二是给文本换一个环境。在鉴赏评价这个层面,学生对文本的理解有一个从具象到抽象、感性到理性的认识过程,这不仅体现在对文本形象和思想意义的概括提炼方面,而且体现在对文本艺术表现的价值与规律的感悟和归纳上。由于学生接触的是一个个具有特殊个性的作品,由此感悟写作的一般特征,建构作品艺术表现的共性规律,常常会陷入画地为牢、盲人摸象、蜻蜓点水的误区而不能自拔,从而对自己的观点持有怀疑态度。这种情况也需要从文本以外去寻找答案,那就是"给文本换一个环境",将其同类似的文本放到一起,在更为宽泛情境中,通过类似文本的比较分析,推演归纳出切合实际、切近规律的结论,从而化解疑难。教师需要为学生提供方向和途径,由学生自己通过比较探究获取问题的答案。比如学生鉴赏泰格特《窗》作出这样的理解:"突转"手法就是在文本结尾处设置波澜,令文本情节或人物情感思想乃至性格等突然向相反方向发生转化,出人意料而又在情理之中,从而产生撼人心魄和耐人寻味的效果。学生对这样的理解持怀疑态度。很显然这种理解是偏颇而粗陋的,这就需要引导学生进一步拓宽视野,将类似的文本拿来进行比较探究,如莫泊桑《我的叔叔于勒》、吴敬梓《范进中举》乃至契诃夫《变色龙》,学生通过比较分析可以化解自己的疑问:"突转"不仅可以设在文本的结尾处,还可以置于文本的中间,甚至可以设置多次的"逆转";其表现效果会使情节波澜起伏、引人入胜,或异峰突起、撼人心魄,而且发人深思。

### 4.班级教学疑问化解的策略

单从每一学生个体来说,阅读文本从疑问的产生到疑问的化解,这样的心理过程和思维途径往往是不可或缺也是难以超越的。但是还有一个必须要解决的问题,我们知道,阅读是一种个性化思维和情感行为,"一千个读者就有一千个哈姆雷特",不同思维水平和不同语文素养水平的学生阅读文本存留的疑难和心理趋向千差万别,那么,在几十个学生构成的班级教学中,尤其在处理"教读"课文的过程中,于极其有限的课堂时间内,如何有效地化解全班学生至少是绝大多数学生的疑问困惑,满足其心理需求呢？有些教师对此会望洋兴叹、束手无策。如果我们能够抛弃教师"主体"的传统观念，克服畏难思想而积极探索尝试，便会找到问题解决的途径，创造崭新的教学境界。

首先是疑问的提炼。可以分为两个层次，第一个层次是消解与提取。学生阅读文本到达一定程度，便会提出自己的疑问。由于他们认知水平的差异和心理趋向的个性化，疑问必然是丰富多样的，没有必要也没有可能在全班一一解决，需要有一个自由的时间段，借助同伴的帮助加以解决，事实上多数浅层次、个别化、个性化的问题在这个过程中能够得以消解，而那些较深层面、共性化疑问常常难以化解，由教师及时提取出来。第二个层次是归真与抽纳。学生在一定范围内不能解决的这些疑问，有的"言不达意"，离其本意有一定差距；有的陷于文本的角落不能自拔，"横看成岭侧成峰""不识庐山真面目"；有的局限于感性理解而没有理性参与；有的对文本理解有误，出现表述上的不恰当；有的脱离文本，"想入非非"……因此，需要教师设身处地领会学生疑问的"本意"，正确地把握他们的疑问所在，帮助学生"认清""说明"自己的疑问。如"'斑羚飞渡'的场面令人触目惊心而惨不忍睹，而为何要制造这样的悲剧"这个问题的答案显而易见，因此学生实际困惑的应该是"《斑羚飞渡》的主题是否指向环保"；"《变色龙》有人说好像将军家的狗，警官便要巡警帮他脱掉大衣，这样写表现了什么？"显然学生发现了细节的妙处，教师可以帮助学生将问题做综合提炼："小说多次描写"军大衣"反映了人物怎样的心理变化轨迹"？这样转向整体视角，让细节贯穿起来，提高问题的含金量。"作者为何不将珍珠鸟从笼中放走，那样岂不可以创造出更多美好的境界吗"？这个问题看上去似乎与主题理解有关，但实际上其答案只能从鸟类习性上去回答，因此这样的思维超出了文本解读的范畴。

其次是疑问的重构。相对于文本的有序解读来说，提炼出来的疑问就其属性而言是纷繁复杂的，从学生主体说，有的属于感知类，有的属于理解类，有的属于鉴赏评价类；从文本客体来说，有的属于思想内涵方面的,有的属于结构意脉或艺术表现方面的,需要教师归类整理,并将这些疑问进行重构,以形成课堂教学的线索。之所以这样做,一方面因为如果对这些散乱状态的疑问进行无序处理,课堂势必变成孤立的一问一答。这样就违反了文本解构的一般规律,将文本肢解得七零八落,违背学生认知的一般心理过程,学生头脑中只会留下思维和语言的碎片。从学生疑问中寻找突破口,发现并建立这些疑问之间的内在联系以构建课堂教学的思路,形成文本解读的层次梯度,是教师面对的严峻挑战,也是教师教学智慧的集中体现。

当然,基于学生的疑问是阅读教学的一种构思,同时也是一种理念。如果教师是一位尊重学生主体地位、教学经验十分丰富的人,不必搜集提炼学生的疑问便能谙熟绝大多数学生阅读文本的心理需求和疑难困惑,那么就完全可以通过教师的预估去设置具有针对性的教学情境,满足学生的学习需求,化解学生的各种疑问,实现学生深度参与过程、深入解读文本的目的,甚至采取将教师主观设置教学情境与学生即时生成疑问并不断加以解决相结合的方式,以满足学生的学习需求。无论怎样的思路或形式,只要教师走进学生的心灵深处,学生深深地沉入文本中,阅读就会在学生身上真正地发生,课堂教学必然会创造出令人神往的理想境界。

## 三、语言活动

语言活动是阅读教学的第三个基本策略。

语文是体验性和实践性很强的课程。语言的产生、发展和习得都离不开主体的言语体验和言语实践。语言产生于人类的劳动实践和交流需要,语言的发展随着实践的发展而日趋丰富和精密。语言习得的过程是人的内部活动如体验、思维、情感等与外部活动如听、说、读、写的统一。如果没有大量语言材料、语文范例的积累和反复多次的言语体验、实践活动,要提高理解和运用语言的能力是不可能的。活动不仅能促进学生情意水平的发展,而且能使学生更深切地体验语言习得的过程,激发并巩固学习语言的兴趣,加深对语言本质的理解。语言活动以体验感悟、合作探究、审美鉴赏、应用实践等活动性学习为中心。

阅读教学应该成为一种有载体、有立体感的学习活动;语言活动是实现阅读教学课程价值的一种基本的也是有效的策略。

## (一)阅读教学语言活动的基本要求

首先,解读文本是语言活动的根本目的,通过语言活动使学生对文本意义获得正确深入的理解。活动设计不是为了使课堂活跃热闹,而是构建文本解读的载体和平台。

宁鸿彬先生教学《分马》设计了一个活动:假如郭全海分到的不是青骡马,而是栗色小马儿,而老孙头分到的是青骡马,他们又会怎么说呢?学生经过思考讨论,最终认为,郭全海会说:"这匹马是'玉石眼',屯子里的头号货色,虽然性子有点儿烈,但调教调教,还是蛮能干活的,你牵上吧!"老孙头会说:"这匹马肚子里有崽子,弄不好今年冬天就是一死俩命,你可得好好掂量掂量啊!"这个语言活动创造了崭新的探究情境,为学生创造性思维的展现提供了平台,人物的思想性格在新的情境中得到了再一次展示,这是十分富有智慧的设计。老师执教《皇帝的新装》在阅读课文基础上可以启发学生用一个动词概括文章情节的共同特点。于是在学生说出的许多动词如蠢、骗、伪、假、傻、装、新、心中筛选其中最有概括力、最恰当的一个,学生最终统一了意见,是"骗"字最好。然后引导学生分析文中谁被骗了以及究竟谁是骗子,有没有诚实的人。再下一步分析人们被骗和没有被骗的原因。这种语言活动让学生不断地深入到文本语言中去,很好地解读了文本意义,各种阅读能力得到了有效地培养。

于漪先生执教《晋祠》,首先展示《中华名胜大辞典》中关于"晋祠"的词条解释,并引导学生概括词条所包含的要点,在此基础上阅读课文《晋祠》,从多个角度将词条和课文进行比较,从而使学生一步步地领会了作品的内容、写法、语言表现等方面的特点,推动了整个教学过程,文本得到了全面而深入的理解。有教师执教《我的叔叔于勒》让学生为于勒写小传,省略大量的人物心理描写,目的是让学生体会人物心理,随着于勒的穷富而不断地发生转折,从而领会人物思想性格。这些语言活动的主要目的是加深学生对人物命运、作品特点以及思想内涵的理解,而避免概念化的教学和简单的结论传递。

日常阅读课中有些语言活动,缺少科学目标导向和必要前提,实际效益不够理想。比如用一半时间学习《海燕》课文,另一半时间让学生运用象征手法写《鹰》;学习了《春》中的"春风图",接着让学生以"秋风"为对象进行仿写;学习《我爱这土地》让学生理解诗人借"鸟"表达情感的写法,然后接下来让学生以"假如我是一片落叶"为题写一首小诗。从以写促读或以读促写的角度说,这样做无可厚非,但问题在于学生对文本的解读还没有达到应有的深度,文本的深厚内涵和艺术技巧还没有把握到位,文本思想艺术营养还没有内化到学生的思想中去,让学生做这样的训练其实是没有根基的。由于不能充分发挥文本的"教示"作用,语言活动也就缺少了力度,也就不能获得理想的效益。

其次,阅读语言活动,应要求明确,指向清楚。

许多阅读课的语言活动,只有笼统的要求,没有具体的指导和明确的指向,学生具体做起来比较难。学生展示收获,往往或者肤浅粗陋,或者偏离中心。有教师要求以《老王》中老王的口吻以第一人称叙述自己的经历或心理感受,以领会老王的"不幸",但学生展示时以第三人称"他"的角度进行叙说,学生并没有领会教师的意图,也没有具体的做法可遵循。许多课上,教师要求学生概括人物性格特征,而学生却一味列举人物形象的音容笑貌、言谈举止,并没有概括归纳,这也与教师的要求不具体有密切关系。另有一种情况是教师创设了语言活动情境,学生阅读思考后展示出来,可能没有展示透彻全面,教师急不可耐地将自己关于这些问题的理解用多媒体展示出来。如教师执教《武陵春》一课,学生只读了两遍课文,关于词人的一些遭遇和写作背景还不是很清楚,就让学生谈"愁"的内涵,结果只能是隔靴搔痒、蜻蜓点水。于是教师只得把自己的理解讲出来或通过多媒体投放出来。这样的语言活动不是真正意义上的以学生为主体,也很难说会对文本有深入的解读。

再次,语言活动过程,应为学生的思考和表现留有足够的空间。

语言活动需要学生思维、情感和语言表达等多种因素和能力的投入,因此语言活动设计的开口应该比较宽阔和富有伸缩性,不能拘泥狭小的空间。空间狭小容易变成满堂活动,教学变成活动的碎片。还有一些课语言活动的设计开放性差,没有学生自主、深入投入的空间;有些语言活动则比较肤浅简单,没有探究的必要性,也没有启发性和新意,因此很难有学生探究亮点的出现。有些活动是表格形式,但内容项目设置不能出新,往往落入俗套,也不能有效地引发学生的解读兴趣。比如通过表格让学生填写层次内容、小说情节过程、记叙文的六要素、议论文的三要素等,这些大多是文本原句的摘录或简单整理。我们认为,语言活动应该落在学生认知的"最近发展区",最好能够使学生通过一定程度的思考、探究才能获得结论,或将学生没有关注却十分重要、弄不明白的地方设置语言活动。当前流行的句式填空,如"这是一个的人,你看_____","(词语、句子、段落)写得好,因为_____",这类填空往往缺少宽阔的空间,因而缺少思维的力度,均不能很好地体现语言活动的优势和功能。

一些活动设计看上去尊重学生,实际上还是剥夺了学生的主体地位,淹没了学生阅读的主动权。比如有教师执教《云南的歌会》,教师将"山路漫歌"部分压缩为300字的短文,让学生拿课文与之做比较,看看两者的表达效果有什么不同。既然是在培养发展学生的阅读理解能力,何不由学生去压缩呢?由于学生没有足够的空间,思维锻炼的力度就大打折扣。有教师执教《我的叔叔于勒》创设的活动情境是,将课题改成"菲利普夫妇"或"意外相遇"如何?如果放手让学生去改换再去探究其优劣应该更贴合学生实际,对学生思维的培养力度也越大,对文本的解读也更加深入。

最后,语言活动的设计应符合学生语文学习规律。

有位教师执教《与朱元思书》,开始就用多媒体展示了富春江风景的录像片,并刻意将与课文有关的景物做了突出展示,然后让学生阅读理解课文。我们认为这样做违反了语文学习的基本规律,语文是借助语言文字去理解作者所表现的生活世界,用画面展示文本内容,这就使影像内容先入为主,影响、干扰了学生对语言文字的理解感悟,学生会在影像的作用下认识富春江的景物特征。还有位教师执教舒婷的《祖国啊,我亲爱的祖国》,设计的语言活动是让学生选取诗中的一节进行仿写。笔者认为,虽然这首诗不晦涩难懂,但是那样富有表现力的语句,那样凝练鲜明的形象,那深挚的情感,学生模仿的难度很大,对多数学生不适合。

## (二)阅读教学中语言活动的多种形式

### 1. 感知性活动

感知性活动是对文本内容的初步感知与把握,其目的是呈现学生初步阅读文本基本内容的收获,是从整体上感知文本"是什么"或"写了什么"的活动。可通过示意图展示文本的思路、脉络、结构,或用复述、概括等方式呈现文本基本内容以及内容之间的联系。如《口技》引导根据故事的情节变化和自己的感受,画一条曲线,并根据这条曲线说说怎样朗读才能读出故事味和作者所表现的情境。有的学生就画了一条像躺倒的"S"的曲线。学生说,总体上要读得起伏跌宕,疾徐有致。具体说,第一段,要读得沉着,字正腔圆。第二段,语速由缓慢到快疾再到缓慢。语气由低到高。第三段,语速缓慢沉静。第四段,总体上急速、高昂,但又需有语气的起伏跌宕和语速的疾徐缓急。第五段,缓慢、字正腔圆。

### 2. 理解性活动

理解性活动就是对文本内容的认知判断、概括分析,其价值在于呈现学生深入阅读文本获得的认识和领悟。理解性活动是引导学生探究文本"怎么样"或"是什么性质特征"的活动。例如,《秋天的怀念》如何理解作品所表现的母子深情,母亲奉献给儿子的带着血泪的爱,和儿子对于母亲深沉而痛楚的怀念之情呢?可否抓住文中的一句话"要好好儿活","我"

却没有好好儿活,脾气变得暴躁无常,平白无故摔碎东西。为了不使瘫痪的儿子对生命绝望而"好好儿活",母亲"忍着哭声"说让我去看花;母亲见我发泄心中的痛苦和绝望。"偷偷""悄悄""红红"表现的那种肝胆俱裂和心成碎片的痛苦,那种超乎常人的谨慎细心、体谅包容、关爱呵护;我看见窗外的树叶刷刷啦啦地飘落,母亲便进来挡在窗前;当我同意去北海看花时,母亲表现如孩子一般,喜出望外、得意忘形。然而母亲活着就是为了我们能好好儿活,而她自己却没能活多久,她用生命诠释了对于儿子的爱。而在母亲的关爱下,"我"也"好好儿活"了,创作的小说获得了大奖,成为当代文坛中一颗耀眼的明星。

3.鉴赏性活动

鉴赏性活动是对文本做个性化解读和审美性鉴赏,对作品生活内容、审美意蕴和写法语言等艺术表现的品位和感悟,从中获得了独特的个性感受,能有自己的见解和看法,重在指导学生探究文本"为什么这样写"或"这样写的好处或表达效果怎样"以及"倘若……那么……""还可以如何"的活动。

将《春》一课的教学设计为"艺术摄影"活动,分为"美景浏览""镜头定格""美点品味"三个活动。其中"镜头定格"首先让学生做摄影师,选取自己喜欢的场景画面拍成照片,然后为照片题写富有诗意的名字,再向同伴介绍所拍照片景物美在哪里,说出拍这幅照片的理由。这个过程中,引发了学生对文本情景的联想,由语言文字变成形象立体的画面,有创造性思维的积极投入;由画面变成学生自己的语言,说明"照片"景物美在哪里,实现了对文本深入细致的解读;诗意地概括"照片"内容,则使学生将已有积累与文本建立联系,在分析与概括、揣摩与运用中有效地促进了学生言语生成能力的提高。

《皇帝的新装》游行结束,皇帝回到皇宫会发生怎样的事情?同学们可以为安徒生的原作《皇帝的新装》作续写,也可以将安徒生换为自己,续写或改写这个故事。那么前者应该是奖励骗子;后者很可能是将骗子绳之以法,从此皇帝警示国内人们做诚实的人,并励精图治,使国家越来越强大。

**4. 研究性活动**

研究性活动是对文本进行纵横向的综合研究,以文本为依托,通过由感性到理性、由原因到结果、由个别到一般、由具体到抽象、由表面到深层、由现象到本质地探究、概括、抽纳、比较、辨别和求同存异,借以深入认识作品所展示的事物属性特征、本质规律,并有效地历练学生的探究发现能力。

研究性阅读,即把文本探究定位在"研究"层次,以有效地提高学习立意,拓展探究深度。实施研究性阅读,有必要让学生领悟研究的方法。比如,首先,采取分工合作的方法,确定研究内容或者研究专题。如事物特征、文体特征、行文思路、说明技巧、语言运用等。其次,确定阅读方法。比如圈点勾画,批注点评,摘录要点,整理卡片。再次,探究研究方法。要对材料进行分类;要同其他科技文联系对比;要分析概括,抽纳规律。

# 第三章　初中语文课堂教学改进策略

## 第一节　基于深度学习理念的课堂教学改进

目前,初中生语文课程繁重,甚至出现了许多学生难以跟上进度的问题,从小学到初中,是一个重要的转折点,而语文课程是提高学生理解能力和语言能力的一门课程。所以,我们要思考在这样一个深度学习的背景下,应该要以什么样的状态去面对,才能有效地解决根本问题。

### 一、初中语文深度学习的现状

#### (一)课程内容不能深入

深度学习与以往传统的学习有着很大的区别,深度学习是具有批判意义的,它在坦然接受新知识的基础上,让学生敢于质疑,敢于挑战,让学生在学习的过程中不仅吸收了营养,而且提高了学生的自主能力,并且由表及里。好的习惯在学生心里生根发芽,继而成为大树,影响学生的一生。但目前所存在的问题就是,初中语文课程内容不深入,只是停留在表面,学生也由此难以进步,其综合素养也难以得到质的提高。在课堂中,教师的出发点是没有问题的,但是在活跃课堂氛围的时候,往往忽略了课程的实质,太过于注重课堂形式,最终导致课堂内容重在表面,并不能深挖,让学生少于自主思考,并难以感受文章的人文魅力。

#### (二)学生过于被动

显然,传统的教师主导的教学方式已经不再适合现在的教育要求,但是,在接受新的教学方式的过程中总是有一些困难需要去克服。现在还是有一些老师仍然停留在传统的教学模式中,学生难以发挥主动性,教学质量就无法保证。在新的模式下,教师应该在课堂中作为一个引导者、指导者,而不是完全把控整个课堂,教师应该指引学生充分地发挥其自主性,让初中生在语文课堂中去探究和思考,充分感受人文。传统的课堂中,学生的思维受到了限制,难以对课程有深度的解读,也就难以进步和成长。还有一种较为普遍的现象,就是课堂的氛围和管理太过松懈和随意,导致课程在进行前,没有明确的计划。因此,教师在授课的过程中,课堂松松散散,课程内容也不饱满、不紧凑。[①]

## 二、影响中学语文课堂教学效率的因素

第一,传统的教学模式都是围绕着教师、教材展开的,没有注意课堂的教学氛围。这样的教学现象,不仅会使学生的创造力遭到挫伤,还会使学生思维的发展受到阻碍。

第二,所采用的教学手段太过单一。中学学生因为忙碌的学业,整日被困在教室中,如果还是采用单一的教学手段,会使其产生厌烦感。所以,教师需要对教学手段进行丰富,从而使学生的学习兴趣被激发出来。

第三,开展问题讨论法的时候,需要使提出来的问题更加切合实际。要懂得选择难易适中的问题,如此才能够使学生受到鼓舞,进而促使他们更加积极主动的阅读与思考。

## 三、深度学习下语文活动策略

### (一)改善教案设计

教案设计往往是教学过程中的第一个环节,教师上课前都要备案,也就是教案设计,所以教案设计决定着一堂课的成功与否。教案设计不能是一成不变的,应该随着新课标的要求做出相应的改善,教师是设计教案

---

① 陈庆文,谭天美.课堂教学案例研究丛书 小学课堂教学专题研究[M].桂林:广西师范大学出版社,2016.

的主导者,所以自身过硬的专业素养是设计好教案的前提,并且一定要认真对待,不能随意为之。有一些初中语文教师,凭着自身丰富的教学经验,就不再重视教案设计,教案设计只是随意地写了,因此课程设计目标性不强,也缺乏计划性,最终导致课程教学没有预期的良好效果。所以,教师在设计教案时,一定要有明确的指向和目标,充分地考虑学生的具体情况,根据学生的自身要求来设计教案。例如,在讲《皇帝的新装》一课时,教师的教案应该要目标明确,教师在设计教案时,内容不仅可以包含基本的课程内容,还可以提出让学生们自己讨论学习文章的目的及作者所表达的含义,并且还可以进一步地让学生自由分享,最后教师再作出总结,这样的教案设计不仅能让学生理解课文内容,达到了教学目标,还拓展其思维,教育了学生。

### (二)注重有效地提高课堂教学的氛围

要想提高课堂教学的效率,就需要注重教学形式的多样化,教师需要注意在课堂教学中灵活应用,来使得学生能够尽快进入到学习状态中。通过这样的方式,使原本沉闷的课堂氛围得以打破。此时,教师在注意对学生的思维进行适度的点拨,来使学生能够在参与课堂教学活动的时候更加积极。

如以《背影》这篇课文教学为例,教师在实际教学的时候,可以采用情景创设的方式来活跃课堂教学氛围。有的时候,采用生动的语言创设出适宜的教学情境,能够给人以警醒,从而使得学生能够对人生、世界甚至是自我有更为全面的认识。就比如说在这篇课文的教学中,因为学生生活的时代不一样,现在的父辈在表达情感的时候所采用的方式也不一样,由此要让学生对文本中所蕴含的父爱有所感受,可能有一定的难度。而要让学生对文章中"深沉真挚的父爱"有切实的体会,就需要创设出切合学生实际的教学氛围。由此,教师在这个时候,可以借助多媒体设备,将实际生活中的一些表现父爱的片段播放出来,对学生的情感进行刺激。或者让学生来进行个人发言,将他们所感受到的父爱用言语表述出来,从而使得其他学生能够受到感染。学生在观看或者是在聆听的过程中,整个教室也会安静下来,此时部分学生的眼睛中会泛起泪花,这就表明学生其实已经进入了情境中。

### (三)注重在课堂教学中引入讨论

在提升初中语文教学效率的时候,不能够忽视的一点便是对学生的思维能力进行刺激。通过培养学生的语文思维能力,能够使他们对一个问题有更加深入地认识。

如以《囚绿记》这篇课文为例,在对学生思维进行刺激的时候,教师可以采用问题引导法,但是这里的问题并不是指随意提出问题,而是需要使这些问题具有层次性。比如说,在一开始提出:"同学们,有人说,'绿色'代表希望,那么题目为何要用'囚'这个字呢?"用这个问题吸引学生的注意力;然后,提出"作者囚绿的原因是什么"这个问题,让学生能够对这篇文章的主旨有初步的认识;接着,教师可以提出"在常春藤被'囚'之后,它的生命状态有何变化"这个问题,引导学生继续思考;最后,可以提出"作者因为爱绿而'囚'绿,在现实生活有这样的事情吗?"这个问题,让学生能够对文章中所蕴含的正确价值观与审美观有更为深刻的认知。在这样的循序渐进中,能够使学生进入到学习状态中,最终提高教学的效率。

### (四)精心布置练习

作业练习是为了让学生加强巩固所学的重点和难点,现在一贯有的还是有很多教师毫无章法的布置作业,一贯遵循的是以量为基准,这样在无形之中给学生造成了多余的压力,反而让学生对初中语文课程产生畏惧的情绪,最后止步不前。笔者认为,作业布置有待优化,应该有针对性地布置作业,不要以量来衡量作业的质量。当然,也不能够一味拘泥于形式,作业的布置可以更加有实操性,也可以运用多媒体设备来完成。在布置作业时,可以根据课程的内容,来选择布置作业的方式。例如,在讲解完诗歌《假如生活欺骗了你》一课时,教师不需要布置过多的作业,让学生们以文章为题来进行随堂演讲,演讲的形式不一,学生们可以自由发挥,每个人最多演讲5分钟,这样的形式会让学生们大开眼界。最后,教师也可以根据演讲的情况做小结,这种形式的课程会有不一样的收获。

### (五)分段评价,多个维度

语文教学中因为知识面过于广泛,深度难以预测,所以仅仅凭着最终的期末考试难以检测学生的进步情况。因此,在语文教学中,教师很有必要进行分段测评,并且教师可以根据本班级学生的具体情况出不同测试维度来检测学生的学习情况。在分段评价中,教师可以从不同的时间段明显地发现学生的进步情况和不足情况,据此可以制订出更加完善的学习计划,并有针对性地对学生的不足之处加以指导。

## 第二节 基于问题教学的课堂教学改进

20世纪80年代,语文教学改革风起云涌,语文问题教学模式(策略)引起了许多教师的关注。进入新世纪,在新课程改革的背景下,问题教学得到了空前的重视,因为从一定意义上说,新课程所倡导的探究式教学方式就是基于问题的教学方式。这一时期理论工作者也从不同角度对问题教学进行了较为深入的研究,为课堂实践提供了更为坚实的理论支持。但时至今日,前辈的成功做法并未得到有效地传承,而理论研究成果也没有在课堂实践中充分应用,问题教学存在的多方面问题迫切需要得到解决。

### 一、初中语文课堂问题教学模式中出现的问题

#### (一)价值单一:作为目的的功能重视不够

为什么要实施问题教学?问题教学是一种策略还是一种模式?问题教学是手段还是目的?显然,较长时期以来,存在于我国课堂中的问题教学是一种教学策略,或者是一种教学方式(模式),其主要目的是通过解决问题完成课堂教学任务;就语文而言,主要是通过问题来完成课文的学

习,其作用常常体现在引导(导入课文)、推进(解读或欣赏课文)、巩固(课文练习)等方面。概言之,问题教学是一种完成教学任务、达成教学目标的手段。

### (二)主体缺失:问题往往由教师提出

这个问题其实不需要问,学生是阅读的主体,问题自然应该由学生提出。20世纪80年代,徐振维、钱梦龙等特级教师就是要求学生提出问题,然后根据学生的提问进行归类,再据此展开教学,但这一点并没有得到很好地继承和发展,无论是普通的语文教师还是名师,课堂教学"主问题"大多是由教师提出,学生提问的主体位置被搁置。有老师认为:问题应来自学生。眼下阅读教学的普遍状况是:教师提问,学生答题。这虽不太符合新课程倡导的理念,但应该也没有多大的不可,因为现今学生提出问题的能力普遍弱于分析问题和解决问题的能力,能够发现具有真实意义的问题的学生很少,而教师恰恰可以给学生以范式,从而使学生学会发现问题、提出问题。重要的是这问题确实是学生需要解决的,应老师所说的正是当下语文教学的实际状况,但如果仅因为学生提出问题的能力弱而放弃让学生提问,从而导致学生作为提问的主体被放逐,显然不明智甚至影响更深。因为从一定意义上来说,提出问题比解决问题更有价值。[①]

实际上教师成为提问的主体,并不单单是因为学生的提问能力弱,其背后还有教育观念、教学理念、教学方式、教学环境等多方面的因素。当然,学生是问题教学的主体并不能否认教师的主体作用,教师是问题的策划者,是学生走上问题解决之路的引路人,同时又是学生解决问题的支持者、合作者。因此,问题解决教学要发挥"双为主"的作用。从这个角度来看,教师不是不能提出问题,但所有的问题都由教师包办,学生成了被动的接受者,那就忽视了学生的主体地位,违背了问题教学的要旨。

---

① 曹建军.基于问题教学的高中语文课堂教学改进策略研究[J].科技资讯,2020(08):87.

## （三）呈现呆滞：问题以静态预设为主

一般而言，动态课堂情境中的预设和生成是相辅相成的，单纯的课前预设固不可取，但完全"非预设"而全靠课上生成，也是一种不现实的理想追求。问题教学中的问题提出也是，更要有课中的动态生成问题，这样的课堂才是思维涌动、充满生机和活力的课堂。

但实际的课堂并非如此，往往以静态预设为主，学生和教师在课堂动态生成、发现问题的价值并没有得到足够的重视和利用。这一方面与学生提出问题能力薄弱有关，另一方面与课堂"主问题"由教师提出有关；后者更为关键，因为学生在课堂上只是扮演了被动的问题解决者的角色，课堂也因此变得机械而缺少活力。

早在20世纪80年代，钱梦龙老师就指出：老师提出的问题，是能够引导学生进一步阅读课文的富于启发性的问题；或启发学生自己从课文中发现问题、提出问题。也正是从这个意义上，我们认为仅有静态问题预设而没有动态问题生成的问题教学不是真正的问题教学，问题教学课堂中的"问题"提出应该是静态预设和动态生成的结合。

## （四）形式机械："满堂问"充斥课堂

以"满堂灌"为特征的应试教育课堂遭人唾弃，但以"满堂问"为特征的新课程课堂同样让人遗憾。有一位老师执教《逍遥游》时，粗略统计，这堂课教师共提出问题110个，学生处于满堂的阅读状态中。可以想象一下这样的课堂，问题肯定是零碎的，更充斥着大量"是不是""对不对"的简单、封闭的事实性问题，不需要学生的参与，而且学生根本没有时间去思考，整堂课就在单调的一问一答中度过。

上文所举课例当然是一个极端的情况，但课堂中"问题"的随意、泛滥却是一个不争的事实，其危害较之"满堂灌"并没有质的区别。这一问题也引起了许多老师的关注并研究出了切实可行的改进措施。余映潮老师的"主问题"、孙建军老师的"问题流"等做法都能有效地改变这一症状；相关的表述还有"问题链""问题束"等。实际上造成这一问题的主要原因之一在于教师对课堂中"问题"的内在规律缺少相应的研究。

## 二、问题教学的初中课堂教学改进策略

(一)建构多种问题教学范式,实现课文学习和培养学生问题意识的统一

1. 问题导学式

较长时期以来,问题教学只是一种教学手段,师生在课堂中通过问题解决完成教学任务,达成教学目标。在实际课堂中展开的流程大体如下:确定教学目标—教师(或学生)提出问题—师生问答中解决问题—完成教学内容的学习—达成教学目标。这种基于"问题"的教学方式可称为问题导学式。

这种课型的主要任务是完成学习内容,达成教学目标,而学生发现问题、提出问题的能力没有得到足够的重视。较之传统的其他课型,问题导学的优势在于教和学的目标非常清晰,不但解决问题,而且过程简洁高效:呈现问题(紧扣目标)—解决问题(紧扣内容)。这类课型的关键在于问题的质量,能不能提出统摄全文的高质量问题,决定了课堂能不能取得预期的效果;这类课型的不足在于课堂推进较为程式化,如果教师缺少智慧地穿插和引导,靠机械的呈现未解决问题,课堂会显得呆板而无活力。

这类课型教学预设往往更突出一些,结合新课程理念和最新的语文教学研究成果,可以将这一模式进一步优化。首先结合课程、教学目标确定教学内容,然后根据学生情况把内容转化为教学问题,再结合教学情境把问题转化为教学活动。其教学设计流程大体如下:确定教学目标—确定教学内容—提出教学问题—设计教学活动,教学过程可以简化为问题呈现—活动展开(结合文本解决问题)—达成目标。

2. 问题发现式

这种课型旨在改变问题教学课堂价值功能单一的不足,即问题教学不仅是完成课文学习任务的手段,而且是培养学生的问题意识及发现问

题和提出问题能力的方式。

与问题导学式课型解决问题是为了完成学习课文的教学目标不同,问题发现式课型在完成学习课文任务的同时,要求学生发现更多的问题。其教学流程大体如下:创设问题情境(教师)—提出问题(学生)—解决问题(师生)—再发现问题(学生);也可以简化为初读提出问题—细读解决问题—再读发现问题。其实这个过程是一个无限循环的过程:再发现问题—再解决问题—重新发现问题……这一过程在时间上打破了课堂和课外的时间界限,使得阅读成了一个以"问题"为中心不断发现和建构的过程,而这也恰好体现了阅读的本质。

问题发现式课型更加突出学生的主体性,也更加强调课堂的动态生成性。特别需要说明的是,这种课型更适合文学类作品课,尤以小说为宜,因为优秀的小说往往蕴含多重主题,经典作品更是常读常新,更强调读者的参与和建构。

## (二)突出学生为主体、教师为主导的问题提出方式,实现问题解决的"双为主"策略

### 1. 学生是提问的主体

以学定教是新课程的基本理念,学生的实际学情和原初体验是教学设计和课堂教学的起点。从这一点出发,问题教学的起点是"问题","问题"自然应该由学生提出。学生提出问题主要有两种方式:一种在课前预习中提出;另一种在课上动态地提出。前者是教师课前进行教学预设的依据,后者是教师课中动态调整教学进程的资源。

### 2. 教师是提问主导

学生是提出问题的主体,但不同学生提出的问题类型、层次等定会有所差异,这就要发挥教师的主导作用,对学生提出的问题进行甄别、挑选、整合、归纳,挑出有价值的真问题、有代表性的典型问题,并对同类问题进行整合、归纳。钱梦龙先生执教《故乡》时,把学生预习课提出的600个问题进行整合,最后归纳为7个方面的问题。笔者在参加第三届"中语杯"

全国中青年语文教师课堂教学大赛时执教《礼拜二午睡时刻》，学生预习提出了66个问题，笔者根据文本和学情最后将其归纳为四个问题。这两个课例都采用了问题教学，其中问题的提出既突出了学生的主体地位，又充分发挥了教师的主导作用，保证了后续课堂教学的有效展开。

3. 教学过程实现学生、教师"双为主"的策略

学生无疑是问题解决的主角，因为"问题"首先是学生的问题，问题要靠学生来解决才有意义，离开学生的主体参与、主动建构，问题解决教学就无法进行；但是也离不开教师的精心策划、创新设计以及教学进程中的动态点拨与适时调控。但必须明确的是，教学过程中教师的主导实质上是为学生主体服务的。因此，"双为主"从整体上务必保证学生的中心地位。

### (三)注重问题呈现的静态预设和动态生成的和谐交融

1. 课前精心预设问题

问题教学的最关键之处在于"问题"，"问题"贯穿课堂教学始终。无论"问题"是由学生提出还是教师提出，往往以预设为主；从学生的角度而言，应结合自己的知识基础和阅读意向真实地提出自己的初读疑问。从教师角度而言，一方面要根据自己对文本的解读提出问题，然后查阅相关参考资料，进一步优化问题；另一方面要依据学生提出的问题调整自己的问题，找到基于学情而又紧贴文本的合适问题。

一般来说，课前精心预设的问题要具备的特点包括：一是语文的问题，而不是非语文的问题；二是真问题，而不是伪问题；三是问题要适度，符合学生学习实际，体现文本文体特点；四是问题有效度，问在学生的疑惑处、兴奋点，问在文本的障碍区关键点；五是问题有梯度，问题与问题之间有内在的联系，符合由表及里、由易到难的认知规律；六是问题要有概括性，数量不超过5个。

2. 课中智慧生成问题

问题教学的核心在于问题解决，但如果解决过程是线性机械地推进，

那就不是真实的课堂。诚如华东师范大学叶澜教授所说:课堂上发生的一切,既不都来自教师备课时的预设,也不完全由教师单方面决定,教学过程的真实推进及其最终结果,更多地取决于学生的学情、课堂的具体行进状态和教师的处理策略。因此,基于问题解决的课堂教学过程中,如果师生没有在真实的教学情境中生成新的问题,那么可以说这个课堂教学是失败的。

如何在动态情境中生成新的问题?一方面要求课前的问题预设要精心,但不可精细,要给课堂生成留出足够的空间;另一方面要求教师具有足够的教学经验,能够根据课堂的即时情境引导、发现学生提出的问题,并根据学生的问题做出智慧的判断和取舍,推进教学相长。

### (四)引进问题研究最新成果,搭建真实有效的课堂对话平台

针对课堂"满堂问"的弊病,教师们提出了许多卓有成效的办法,使得问题教学课堂从教师和学生之间的机械问答变为基于"问题"的师生间的真实对话。这一点可资借鉴并需要进一步改善。

#### 1. 主问题

"主问题"是著名特级教师余映潮提出的一个概念。余老师认为,"主问题"是经过概括提炼的;"主问题"教学对教师把握教材的水平和课堂对话的能力提出了很高的要求;"主问题"的广泛运用将从大面积上改变语文教师的课堂提问习惯。"主问题"有利于课堂上"大量的语文实践活动"的开展,有利于"简化教学头绪,强调内容综合"。"主问题"出现在课堂上,是"预设";由"主问题"而引起的课堂活动是"生成"。

在名师的引领下,许多教师以自己的研究成果进一步推动、丰富了"主问题"教学,如吴春来老师认为,"主问题"设计要着重处理好五个关键点:衍生教学追问点、呈现问题照应点、营造课堂兴奋点、促成学生活动点、留下思维空白点。朱瑛老师则认为,"主问题"设计应注意五个度:角度、广度、深度、梯度、灵活度,并归纳了基于"主问题设计"的三种教学模式:一线串珠式、螺旋渐进式、形散神聚式。

## 2. 问题流

"问题流"是孙建军老师提出的观点,其提出依据:有资料表明,多达80％的课堂时间被用于提问和回答。但大多数课堂教学中的提问是随机的,问题与问题之间缺少有机的联系。这些问题简单的组合,我们称之为"问题群"。问题一旦具有了自主度、难度,问题之间有了梯度与相应密度,被赋予了整体意义,并伴随交流过程的始终,随之就形成了"问题流"。孙老师认为,要形成科学的问题流需处理好以下五个方面的问题:

一是自主度,学生自主提出问题。

二是难度,教育测量中的难度概念可以为问题设计的难度控制提供数量依据。

三是梯度,一定的梯度使"问题流"不至于僵滞,心理学家把提出问题到解决问题的过程称为"解答距",并据此分为四个梯度:微解答距(不用思考,看书即可回答)、短解答距(书本内容的模仿与简单变化)、长解答距(综合运用学过的知识进行解答)、新解答距(采用自己的方式创造性解答)。

四是密度,提问还要注意合理的密度。

五是提出问题后,教师还必须为学生提供充分的思考探索时间。

类似的提法还有问题束、问题链、问题连续体等。其指向都在于解决课堂中问题随意性的弊端,并通过改变问题的内部机制使师生间机械的问答转化为真实的师生间多向度对话。

## 3. 话题

笔者视野内最早提出"话题"这一概念的是钱梦龙老师:巧妙的提问固然有助于激活学生的思维,但问答总是以教师为中心进行的,学生只是被动地回答教师提出的问题,表面上看似乎学生思维很活跃,其实学得并不主动。因此,我除了重视问题的设计外,更多的是提出一些"话题",与学生一起围绕话题进行平等的"交谈"。"话题"不同于问题的主要特点是思维空间大,学生只是围绕话题发表意见而不是回答老师的问题,所以"答案意识"淡化,交谈获得的认识往往是多元的。

## 第三节 基于核心素养培养的课堂教学改进

语文这门学科对于初中生来说十分重要,当代的教师对知识的传授已经开始引起了重视,但是却在学生身心健康等核心素养方面有所忽略,这并不利于学生的成长与发展。现代教学手段失之偏颇,过度强调知识本体的重要性,尚未建立健全的评价机制,这对于教学都存在一定的潜在危害。新课改要求加强对学生核心素养的培养,使初中语文能够成为学生学习和成长生活中重要的组成部分,优化教学策略,全面提升初中语文的教学水平。

### 一、现代初中语文教学面临的问题

#### (一)过分重视课本知识的讲解

传统的教学方式就是以课本作为全面教学展开的基础,也是全部,教师参照书本内容,全方位对语文知识进行讲解,但是这种古板的教学方式缺少与实际的有效结合,尤其是跟不上现代信息技术高速发展和前进的步伐,这样的教学效果并不是十分理想。书本知识固然重要,但是如果只是单一的以书本为所有教学的根本参照和手段,那必然会导致知识的局限性。初中语文应该重视思维的拓宽以及精神道德的熏陶,发挥出语言具有的根本价值,这样才能够有助于语文核心素养的培养,使教学也进入一个新的阶段。

#### (二)教学形式过于单一化

现代教师在课堂上的教学过于单一化,仍然存在很多学校都是保持你教我学的态度,学生只负责接收知识,完成老师安排的作业。教学虽然有教有学,但是也是互教互学的过程,老师忽略了学生在学习生活中遇到的困难和新颖的想法,这些都需要老师采取不同的教学形式进行发现和挖掘。[1]

### (三)缺少健全的教学评价机制

现代各高校都开始建立教学评价机制,但是对于初中院校还是比较少的,即使有,也是简单的问卷调查。教学评价体系要求对教师和学生双方均需要评价,而在初中,评价学习成果基本只依赖考试成绩。从客观的角度讲,成绩在某种程度上能够衡量学生的学习水平和效果,但是并不能体现学生的综合素养。在现代社会,综合素养的提升也十分必要,所以现代教学评价体系仍需要得到进一步地完善。

## 二、初中语文核心素养的培养及教学改进策略

### (一)改变教学观念,注重核心素养的提升

在初中语文的课堂教学中,需要利用丰富的学习资源来吸引学生们的兴趣,帮助他们开阔视野,形成发散思维,增强学生的逻辑性和悟性,不能限制在课本知识上。在现有的基础之上,引进现代事例或者小故事情景等,快速地吸引学生,提高学生的学习热情,这样才能够使学生在学习中变被动为主动。举例来说,在学习诗词的过程中,并不是单一地让学生背诵诗词内容及词义,更多的是让学生身临其境一般感受作者的情怀,有高尚的、安逸的、悲壮的等,只有深刻地获得情感升华,才能够真正理解诗词最深层的含义。

### (二)丰富教学形式,使学生综合发展

在初中阶段的学习中,学生的学习一方面为了丰富知识,考得满意的答卷,更重要的是提高自身的综合素养,为将来的学习奠定基础。在初中语文的教学中,教师并不是一味地将知识硬塞给学生,而是需要提倡自主学习,教师辅助学生克服学习中存在的问题。在教学中,为了更好地培养

---

[1] 齐泽宏.基于语文核心素养培养的测评课教学策略[J].语文教学与研究,2018,(23):55—58.

学生的综合素养,应该加强情境的创设,激发学生的好奇心和参与性,在愉快中能够学习和更容易接收到更多的知识。此外,在教学中教师应该加强与学生的互动,这会直接影响学习的质量,也有利于构建良好的师生关系,这样学生才能够愿意和老师合作完成学习任务,同时也使自己能够朝着更好的方向发展。

### (三)突出语言中心地位

语言、思维、审美、文化这四项核心素养,并非全部由语文学科独具,有的属各学科共有,比如思维、文化等,语文须根据自身特征、规律,将这些素养学科化。在这四项核心素养中,语言建构与运用唯语文独有,也是四项素养中最为根本的。基础教育中的语文教学,语言的构建与运用是其命脉。在核心素养的教育背景下,教师应改变其原有观念,重视语言的重要作用,重点突出语言的中心地位。

语文学科核心素养的四个方面既各自独立,又相互依存,既各有侧重,又相互融通。但无论是思维的发展与提升,还是审美鉴赏与创造,以及文化传承与理解,都需要以语言为媒介,都集中在指向语言的建构与运用。所以,语文教学应"始于语言,终于语言"。

"始于语言"是指思维的发展与提升要借助语言层次的梳理与分析,审美鉴赏与创造要借助对语言的品读与创新运用,文化的传承与理解也要借助语言文本的输入。"终于语言"是指学生四种核心素养的呈现最终都需要通过语言来展现。

考察课程改革后的语文课堂,泛语文化导致了对语言的漠视。有的人根据语文课程是"工具性和人文性的统一"这一规定,就认为语文教学可以脱离"语言文字运用"而直接对"人文性"进行思考和探索。2017年的新课程标准界定了四大核心素养后,原有的思维惯性可能还会延续,于是可能会出现脱离"语言文字运用"而直接引导学生进行思维训练、文化探讨和审美鉴赏。课程标准明确指出:"语文课程是一门学习语言文字运用的综合性、实践性课程。"也就是说,学习语文就是学习语言文字运用,虽然学习"语言文字运用"涉及"语言文字运用"以外的其他相关因素,是各种相关因素共同作用的综合结果,但在这种语文课程的结构体系中,"语言文字运用"却是最基础、最核心、最关键、最本质的构成要素。一切其他构成要素都要围绕"语言文字运用"运转和发展。"语言文字运用"是语文学科设科的基础,是课程的立足点和归宿,其他收获都是这一基础因素发展的附加产品。

在核心素养概念的背景下,教师对于语言的中心地位要有清醒地认识,将提升学生对语言的建构与运用能力,作为学生核心素养提升的关键。同时,这也是教师自己专业发展的突破点。

### (四)加强对思维逻辑的培养

基于原来对语文学科人文性的过度强调,学者们近些年的实践往往摒弃科学主义的理性倾向,对思维发展与提升采取了自觉或不自觉的屏蔽态度。同时,在高校教学中,思维逻辑的相关课程也没有引起足够的重视,这就导致了在语文教师的先天素养中,关于思维逻辑的部分存在短板。

2017年版课程标准第一次明确将"思维发展与提升"升格为学科四大核心素养之一。"思维发展"是指学生在语文学习过程中获得的直觉思维、形象思维、逻辑思维和创造思维等思维能力的发展;"思维提升"是指思维的深刻性、敏捷性、灵活性、批判性和独创性等思维品质的提升。2017年版课程标准对思维培养的认识和要求达到了前所未有的高度,这就要求语文教师要积极主动地补足这一原来重视不够的部分。

除了增加相关思维逻辑的素养以外,语文教师还要在思维教学中完成几个转变。首先要完成从知识主导到能力主导的转变,思维发展与提升的立足点不在于掌握思维逻辑的知识,而是要形成相关能力。其次是思维方式的变革,要引导学生从单一式思维向综合性、优化性、整体性、系列性转变。最后是思维方法的转变,要从关注形象性、逻辑性思维等向更注重培养学生的创造性思维(灵感思维)、聚合发散思维转变。同时,要注意思维的训练要在一定的情境中进行。

(五)多角度开发课程资源

语文的课程资源多种多样,可以是传统的纸质文本,也可以是多媒体资源、网络资源等。各地区都蕴藏着自然、社会、人文等方面的语文课程资源,应积极加以利用和开发。自然风光、文物古迹、革命传统、风俗民情、国内外的重要事件、学生的家庭生活、日常生活话题等,都可以成为语文课程的资源。将各种课程资源转化为课堂内容,这就要求教师有较强的课程开发能力。传统的只依靠一本教材的教学思维无疑无法适应新的课程要求,语文教师应该充分发挥自身的潜力,参与必修课程和选修课程的建设,积极利用、开发各种课程资源,创造性地开展各类活动,提升自身教学水平。同时,教师应该将语文课堂的视野放大,引导学生从现实生活中发现问题,提出活动主题,增强在各种场合学语文、用语文的意识,将语文与广阔的社会生活进行对接。

在原来基于学科的教学思维中,较少有人从课程本身的定位与功能去考虑和权衡教学行为,也就是说教师意识中缺乏关于课程的认识。这也造成了在21世纪初启动课程改革实验,却在校本课程建设与课程实施的选择性上缺乏进展的情况。新考试制度要增加课程学习的选择性,就意味着教师要开发和实施适应学生需要的课程。教师"恪守一本书,教一辈子"这个生态要被打破了。教师需要参与课程建设,学生在选择课程的同时其实也在选择教师的教学,这对于教师来说是有压力的。

(六)突出语文实践活动中的任务驱动

围绕发展语文核心素养,新版课程标准明确了语文学习的主要行为方式,包括阅读与鉴赏、写作与表达、梳理与探究,并且强调在语文实践活动中综合运用多种方式。那么,怎样组织语文实践活动呢?这是新课程标准实施前教师普遍感到疑惑的问题。之后,新的课程标准给出了答案,"学习任务以活动形式展开",学习任务通过情境化、结构化设计组合成"群",也就是学习任务群。这是修订后的"课程标准"的一大亮点,也是重要的研究突破。学习任务群的教学组织有别于传统意义上的课文教学,更为强调基于现实生活所需,教师应引导学生在具体实践活动中完成学习任务,发展语文综合能力。

其实,语文学习任务群不是"天外来客",也不是无中生有。在21世纪初启动新课程改革实验时,语文教学就已经提出了转变教学方式和学习方式的自觉诉求,并且在传统意义的"听、说、读、写"分项练习之外,增加了综合性学习,作为架构语文与生活联系的组织方式,用以落实学习语言应用的课程目标。然而,当时的综合性学习的教学实践比较薄弱,且本身缺乏系统性,教学组织比较松散。在2017年版的课程标准中,把语文学习任务群作为课程内容和教学组织的统合形式,无疑是希望进一步强化语文课程的实践性和综合性,从而提高教学的有效性。

### (七)构建全面且科学的教学评价机制

教学评价对于初中生来说十分重要,主要包括对教师和学生双方面的评价。对于教师来说,通过收集学生的评价,能够查缺补漏,发现教学中存在的问题和学生的需求,进而制定相应的对策。对于学生来说,借助老师对自身的评价,改正存在的错误行为和学习方式,并且通过老师的鼓励,增强自信心。采取合理的评价机制,有利于师生互相指正和学习,可以为教师和学生共同建立一个方向的目标,使学生能够在评价中发现不足和得到肯定,促进学生全面发展和成长。

# 第四章 多元化视域下的初中语文阅读教学

## 第一节 核心素养视域下的初中语文阅读教学

### 一、核心素养与初中语文阅读

所谓的素养,主要突出的是一个人所具有的基本修养。从广义层面上讲,素养主要包括知识层次、道德品质、能力状态和言谈举止等诸多方面。而对于核心素养的概念,我们可以与知识、能力和情感态度相比较来理解。核心素养区别于知识、能力和情感态度的重要一点就是,核心素养突出强调的是学习者对知识、能力和情感态度的具体内化调整,也就是说,核心素养是学习者经过深入思考和积极践行后的成果。

初中阶段,学生的阅读能力需要不断地提升,不仅能适应眼下阶段的学习要求,而且更需要不断地积淀,丰富知识和人文素养,需要认真思考、总结和归纳,需要承前启后。因此,引导和培养好的学习习惯是基础且必要的。通过不断的积累阅读,学生在不知不觉中提升了自己的语文素养。教师在有效地调动学生的主动性方面要继续加强,改革新的教学模式,围绕着学生主动的学习习惯和能力的培养做好充分的工作。这也是核心素养理念给一线教师提出的要求。教师先要搞清楚,核心素养内容是什么?需要明确这个基本问题才能在工作中目标坚定,才能开展有条理、有秩序的工作。

## 二、核心素养视域下的初中语文阅读教学课程设计

### (一)课程构建原则

在语文阅读教学中,对核心素养进行有针对性的培养并不是一朝一夕就能够完成和实现的,教师要遵循一定的原则和规律,结合学生的特点制订相应的教学计划,有效地完成初中语文阅读教学任务,提升学生的语文核心素养。

1.遵循以学生为本的原则

在阅读教学的过程中,教师要以学生为主体制定教学方案,研究初中阶段学生身心发展的个性特点,突出初中语文阅读教学的重点内容,激发学生的语文阅读兴趣,让学生在自我阅读中合理掌握阅读方法与技巧,促进学生语文阅读效率的提升。

2.要注意因材施教的针对性原则

教师在进行教学活动中,在注重学生个性特点的同时,也应当考虑整个班级的教学特点,班级是由每个独立的学生构成的。因此,教师在教学中要充分挖掘学生的个性特点,制定有针对性的教学策略,让学生得到全面发展。

### (二)课程设计方法

1.活用教材

教材是语文课堂上最为直接和常见的资料,是主要的课程资源。在语文阅读教学中,仅仅依靠教材资源是远远不够的,教师要结合生活中的实际情况,探究生活中的阅读素材。教师可以结合语文阅读的具体内容,深入生活实际,创新阅读教学方法,并完善阅读教学内容,进行扩展阅读训练。语文阅读教学课程资源在生活中无处不在,将生活经验引入语文阅读教学中,可以帮助学生理解文章的内涵,使空洞的概念生活化。例如,在《背影》一文的阅读教学中,教师先引导学生对文章内容与作者的生平经历进行探究与思考,让学生说出文章每个段落的意思,并结合文章的

中心思想,积极与教师进行交流。启发学生的探究意识而不是被动地接受阅读知识,而是让学生在主动阅读的基础上,丰富对阅读知识内容的理解,从而为学生接下来的语文阅读奠定基础,促进学生语文阅读视野的扩展。

2.巧用竞赛

初中阶段的青少年往往有竞争意识和好胜心,教师可以适当地利用竞赛教学方法。例如,以学习小组为单位,小组内的学生轮流作为小组代表进行朗读比赛,对获胜者给予奖励,促进学生阅读能力的提高。同时,教师也可以利用课堂时间举办观后感大赛,以此激励学生深入阅读文章,仔细体会文章。

3.妙用氛围

阅读教学的难处在于营造情感氛围,让学生感受文中的意境,当学生有了身临其境的感受后才能准确地把握和表达文章的情感,教师应当对学生进行积极地鼓励,促使学生在宽松的氛围中掌握阅读技巧,激发学生的语文阅读兴趣,培养学生形成良好的阅读习惯。在阅读上不要对学生进行过多限制,限制了学生的想象力也就是限制了他们学习的主动性。例如,在课文《鲁滨孙漂流记》的阅读教学中,教师可以为学生播放视频资料,帮助学生在具体的情境中加深对阅读内容的了解,促使学生进行深入思考,在观看影片之后进行阅读教学,引导学生将文字还原为影片中的画面,用语言文字解释观看影片时产生的困惑和疑问,从而促进学生语文阅读能力的提升。

## 三、核心素养视域下的初中语文阅读教学策略

(一)借助课前预习阅读,培养学生自主学习习惯

到了初中阶段,学生要逐渐地养成自主阅读的习惯,对每一篇课文在授课之前先进行自主的阅读,有助于培养他们的认读能力。而且,学生可以借助工具书解决阅读过程中的一些困难,如遇到不认识的字,或者一些

难以理解含义的古诗词,都可以通过工具书或者通过互联网进行查阅。在现代的学习环境之下,学生自主学习的能力可以得到很多资源的支持,正是在这些资源以及合适的资源利用之下,学生的自主学习能力才获得不断地提升。那么,教师要从权威的角度安排学生进行课前阅读,给学生安排好这样的任务,学生会逐渐地通过课前自主阅读,积累更多的认读经验,逐渐地将之变成能力,所以,这也是一个不断积累的过程。学生的课前预习习惯给了学生更多的积极的反馈,这也是一种自我的强化,有助于他们兴趣的保持和习惯的养成。

### (二)注重培养学生的阅读兴趣

在初中语文的阅读教学活动中,我们要引导学生逐渐地从接触阅读到热爱阅读。从小学阶段情况来看,很多学生没有养成良好的阅读习惯,对于语文学科的学习,他们带着一种被迫学习的心态。那么教师要及时地弥补这类学生在小学阶段的不良习惯带来的负面影响。可以说根据不同学生的情况,教师要把培养阅读兴趣作为基础来抓。例如,有的学生阅读兴趣寥寥,一看到字就觉得头脑发蒙。这样的学生可能在早期接触阅读的时候形成了消极的经验。因此,教师可以通过谈话疏通他们内心的障碍,从而让他们能够专注在当下,把自己的注意力全都集中在阅读这件事上。还有的同学本身在阅读方面倒是有兴趣,教师要进一步给他们提供适合他们兴趣偏好的阅读材料,这可以让他们在兴趣的带领之下主动地进行阅读,从而提高他们的阅读能力。

### (三)挖掘文本内涵,培养学生理解素养

文本的意义是学生在阅读探究中思考发现的。初中学生已经有了一定的阅读能力,具体拓展文本可以师生共同讨论决定,这样可以提高学生主动阅读的积极性。师生先共同确定拓展文本的角度,然后再将主题细化分类,再经过和小组成员共同讨论,对细化主题文本进行拓展。初中教材的选篇基本都是由教育家和丰富经验的教育学者参与选择和编写的,文本内容更贴合初中学生的知识水平和思维能力,在德育方面也具有较

强的教育意义与扩展空间。

### (四)引导学生总结阅读方法与技能

在阅读的过程中,教师要注意引导学生多思考,尤其要思考阅读材料的中心思想,进而总结阅读的方法和基本的过程。可以说,在阅读的过程中离不开学生心智技能的发挥,这是一种内隐的简缩过程。对于教师而言,在教学的过程中要注意向学生传授这些知识,但是,如果学生在阅读的过程中能够自己归纳总结一些好的方法,对他们的益处将会更多。因此,教师有目的的教学,一方面要关注学生兴趣的发展,另一方面也要促使他们多思考,通过引导鼓励让学生真正掌握阅读过程的主动权,能够自主地在课余安排时间进行阅读。

对于很多人来说,阅读是一种习惯,可以延续终身,现在我们倡导终身学习的理念,只要学习就离不开阅读,这对所有人来说都是一种非常基本的能力。因此,教师也要以身作则给学生树立榜样,让学生可以从教师的言行举止当中感受阅读以及文化的力量。

## 第二节 传统文化视域下的初中语文阅读教学

### 一、传统文化的内涵

#### (一)什么是传统文化

1. 文化的概念

如今人们对"文化"一词通常作广义和狭义两种阐释。从广义上理解,文化就是"自然的人化",人类作用于自然界、人类社会和人自身的所有行为及产生的结果都是文化。而狭义的文化专指精神文化,即人类在精神领域的创造活动及取得的成果。

2. 传统文化与文化传统的区别

有学者解释:"传统是在各个历史时期积淀下来的思想、道德、风尚、艺术、规范等。"传统文化与文化传统不同,了解二者的区别可以使我们对传统文化形成更为准确的认识。庞朴对它们之间的关系有着独到而深刻的见解,他认为二者有着鲜明的差异。倘若运用远古的说法,那么可以认为,文化传统是形而上的道,传统文化是形而下的器;道蕴于器,器不舍道。可以说,文化传统着眼于传统,侧重文化精神方面,它并非具体的物质,而是在一定文化价值系统的长期影响下,久经积淀而逐渐形成的被人们广泛认可的"稳固的心理与行为习惯"。传统文化则着眼于文化,是相对于外国文化与现代文化而言的,它包含的内容比文化传统要丰富得多,所有以往存在过的各种物质、制度、精神的文化实体和文化思想都涵盖其中。

3. 传统文化的定义

本书中讨论的传统文化范围更为明确,在价值指向上与"进步""优秀"相连,特指积淀下来的传统文化的精华部分;在时间指向上集中于"过去",主要说的是在19世纪40年代之前产生的古代文化。值得注意的是,传统文化虽然起源于"过去",但它并非静态不变的,《义务教育语文课程标准》明确指出:"语文课程对继承和弘扬中华民族优秀文化传统和革命传统,增强民族文化认同感,增强民族凝聚力和创造力,具有不可替代的优势。"基于以上对"文化"与"传统文化"的认识,笔者尝试对传统文化下这样一个定义:所谓传统文化,是指中华民族于19世纪40年代之前的时间段内创造的优秀的物质与精神文化,这些文化内容凝聚着民族特质并随时代而发展沿传,对现代社会生活仍然发挥着正面的推动作用,是促进学生心灵成长、丰富精神底蕴的文化养料。

## (二)传统文化的价值

传统文化是历史发展的进程中,在生产劳动中积累各民族的生活实践而形成的,反映着不同历史时期生产力的水平和社会发展的基本状况。各民族的传统文化在社会生活中对人们的物质文化和精神文化起着多方面的作用,具有重要的价值。文化的价值主要体现在科学认知价值、艺鉴赏价值、教育价值、经济价值等方面。

1. 科学认知价值

传统文化是历史发展的产物,反映着不同历史时期生产力的发展、科学技术进步的水准,体现着人类的创造性认知水平。任何一个民族的传统文化,特别是优秀文化传统都影响着人们的思维观念、生活态度。

2. 艺术鉴赏价值

各民族传统文化中的艺术作品可以以自身的魅力激发着人们的欣赏能力和审美情趣,给人们提供精神食粮。民间歌舞、民间乐器、民间绘画、民间雕塑、剪纸等艺术作品作为民众思维意识、精湛技艺的集中体现,具有极强的艺术欣赏价值。与此同时,传统饮食、服饰及传统居所和用具的制作技艺,均以高超精湛的技艺和手法吸引人们,体现着特有的艺术价值。传统文化中这种艺术鉴赏价值,体现在生活的方方面面,满足人们的审美需求和精神诉求,影响着人们的生活态度,激励着人们积极进取。

3. 教育价值

传统文化作为每个民族文化的结晶,是特定民族智慧、技巧、创造性的集中体现。民众创造的物质文化和精神文化财富,不仅满足人们的生活行为需求,而且是达到精神诉求的源泉所在。在传承和传播文化遗产的过程中,人们享用物质文化和精神文化的养分,从中得到民族传统文化的智慧、创造力和创新精神,增强民族的自信心和自豪感。传统文化的教育价值在生活实践中,以自然的形式影响和教化着人们,在世代传承的过程中对塑造不同民族的民族精神起着重要的作用。

4. 经济价值

传统文化是物质文化和精神文化的总和,在现实生活中有着明确的经济价值。传统文化中的经济价值主要体现在,通过生产生活方式直接显现的经济价值和通过开发利用文化资源而体现出来的隐性的经济价值方面。传统文化中的物质文化因素满足人们的日常生活需要和生产劳作需求,这一经济价值是显而易见的。例如,饮食、服饰、居所、用具等直接满足人们的生活需求;狩猎、畜牧业、农业、手工业等对决定特定民族的经济形态、生活方式起着重要的作用,对生产方式的发展也起着决定性的作用。传统文化中的隐形经济价值在开发利用文化资源的过程中得到体现。饮食、服饰、居所、用具等不仅满足人们的日常生活需求,在开发利用文化资源的过程中也能够创造出更多的价值,对社会公众产生影响。譬如,服饰除了满足人们的遮挡、保护和满足审美需求之外,开发利用服饰的文化资源,将其运用于设计服饰、缝纫技艺等领域,运用于舞台艺术、旅游业、行业服饰制作中,将极大增加其价值,隐性的经济价值在社会发展中起到重要的推动作用。所以,正确认识传统文化的经济价值,有效地予以开发利用,有着非常重要的现实意义。

## 二、阅读教学的文化特征

阅读既是人们生活中不可缺少的一种社会活动,也是人们汲取文化知识、传承文化精神的主要文化活动。作为指导学生母语阅读活动的语文阅读教学,从阅读教学的主客体及功能来看均具有丰富的文化特性,是语文课程中文化内蕴最为充盈的部分,包含着丰富的传统文化。

### (一)阅读教学主客体的文化性

阅读主体与阅读客体是阅读活动的核心构成部分。阅读主体一般指阅读者,在阅读教学中体现为学生与教师,其中,学生是阅读教学过程中的主体。阅读教学主体的文化性表现在两方面:一是学生具有本能的传统文化需求;二是学生具有一定的传统文化素养。德国文化研究者兰德曼认为,人是一种文化的存在,没有文化也就失去了做人的基本条件。从人类的早期起源过程中可以发现,正是"制造与运用工具"这一具有文化意义的行为,使得原始人类与其他动物区别开来,成为真正意义上的"人"。因此,文化是人之为人的象征与标志,而文化需求也是作为人的一种本能需要。德国哲学家恩斯特·卡西尔把人称作"符号的动物",认为人身处由符号所构成的意义世界之中。语言是符号的主要表现形式,人若想成为真正意义上的"人",就需要学习语言,以便深入符号所代表的意义世界。而对语言的学习、对文化内容的深入了解、对意义世界的认知，都需要通过阅读来实现。教材中的传统文化经典作品中凝聚着中华民族思想的精华与智慧，记载着先民生活的经验历程。对语文阅读教学而言，学生在阅读文化经典作品的过程中，也在进行着语言的学习以及对意义世界的认知与理解，通过汲取文化精华来丰富和完善自身的精神生命。从这个意义上看，阅读教学的主体——学生自身具有本能的传统文化需求。

学生作为阅读者，具有一定的传统文化素养，这也是阅读教学主体文化性的表现。阅读是吸收的过程，是从书面文字符号中获取信息的学习活动。学生作为阅读者，只有具备一定的传统文化素养，才能拥有阅读文化经典作品的能力，完成从书面语言符号中提取信息的学习活动。具体来说，首先是要熟练掌握本民族常用的字词语汇，学会使用基础语法，解决阅读中的语言文字障碍；其次要了解传统文化常识，了解本民族的历史变迁和各项文化传统，特别是要了解与国家政治、历史、经济、人文地理等方面有关的知识。就文言文而言，古人多是有动机、有感触才进行文章写作，倘若不能深入了解作者所处的环境与背景，便不能理解其文章中所蕴含的文化深意。就现代文而言，许多课文中也会引用成语典故，化用古诗词，或提及与传统文化有关的事物。因此，一定的传统文化素养是学生必须具备的基本条件。了解传统文化相关内容可以帮助学生减少阅读过程中的理解障碍，否则阅读活动难以完成，阅读教学也无法顺利进行。一般来说，学生的传统文化素养越高，他们的阅读能力就越强，对文本中文化内涵的理解与体验也会更深刻。

(二)阅读教学功能的文化性

阅读教学具有实现文化传承与发展的功能。当今社会倡导终身学习，而社会文化更新速度不断加快的现实，也使人们迫切需要以更为高效和简便的方式来汲取文化知识，不断地提升自己。书籍是人类知识记录和传播的重要载体，若要以简便、高效的方式来学习知识，了解丰富多彩的文化世界,便需经阅读这一重要途径来实现。在中华民族几千年的历史中,有许多凝聚民族智慧的文化经典以书籍的形式存留于世,这些都是我们应当珍视的文化财富。只有畅意阅读这些底蕴深厚的文化经典,才能打破时间、空间的阻隔,认识几千年来积淀的民族文化精华,领略传统文化的风采,汲取传统文化的智慧。阅读教学的过程,也正是使学生了解传统文化、认同传统文化,并将其薪火相传的过程。学生在习得语文阅读知识与技能的同时,也在接受着传统文化的滋养,掌握着阅读传统文化经典作品的方法,进而通过课后的阅读活动不断地丰富自己的心灵世界,在体悟与沉淀中进行新的文化创造与更新,推动着传统文化的进一步发展。因此,阅读教学是文化传承与发展不可缺少的重要环节。

阅读教学具有文化陶冶的功能。古今中外有许多名人都特别强调读书之于道德修养的作用,例如,雨果就曾将书籍比喻为造就灵魂的工具,以此来充分肯定阅读对人品性的陶冶作用。这主要是因为阅读的客体——文本中包含着丰富多彩的文化内容,既有天文历法、历史地理、经济政治的知识,也有文学艺术、道德情感、审美等内容。而阅读教学所赖以凭借的教材选文,不乏文质兼美的经典文化作品,饱含着丰富的传统文化内涵,能够对学生的精神世界产生潜移默化的影响。阅读教学,尤其是传统文化经典作品的阅读教学,通过教师对学生的启发引导,使他们真正体悟到传统文化的精神力量,学生在阅读过程中受到春风化雨般的影响和熏陶,从而形成正确、科学的人生观念和价值态度。因此,阅读教学对培养学生的品德有着不可替代的作用,具有文化陶冶的功能。

## 三、传统文化视域下的初中语文阅读教学策略

### (一)确立传统文化渗透目标

教学目标是传统文化渗透的"指南针",它指向教学预期实现的结果,具有导向、激励、评价等多种作用,为教师选择渗透内容与方法、评价渗透效果提供依据。因此,要保证初中语文阅读教学传统文化渗透的深入性,

## 第四章　多元化视域下的初中语文阅读教学

首先须确立传统文化渗透目标。根据语文的阅读规律,阅读的过程必经三个阶段:一是感言辨体的认形阶段;二是入情得意的取神阶段;三是运思及物的笃行阶段。现代阅读学的规律启示我们,要顺应阅读规律,将传统文化贯穿阅读的全过程,在此基础上形成科学合理的传统文化渗透目标。

1. 感言辨体,积淀文化常识

感言辨体是指在阅读教学中先引导学生整体感知组成课文的语言符号,由字词逐步过渡到句篇,进而了解课文的文体与语体,以初步把握课文表层意义的过程。在这一阅读阶段,积淀文化常识是传统文化渗透应确立的主要目标。

传统文化常识分为语文学科本体性文化常识与条件性文化常识,应对这两类文化常识设置不同的教学目标。语文学科本体性文化常识,即传统语言文字文化与传统文学文化,与语文学科联系更为紧密,这类文化常识是阅读感言辨体阶段所必需的基本知识。尤其是对文言文的阅读而言,不知晓古代汉语字词的意义,不了解文言句式与语法,不明白作品中文学意象的含义,不了解相关文体的特点,便无法由字而词地把握课文内容的组织意义。条件性文化常识,包括传统艺术、政治、礼仪、习俗、科技、历史文化等,这类文化常识对阅读教学中学生的深度理解具有重要的辅助作用,这类文化常识积累得越多,越有助于他们阅读能力的提升,进而促进学生对教材选文中文化内涵的深入理解。例如,《阿长与〈山海经〉》《范进中举》等课文中涉及科举文化,可以确定如下目标:结合课文,通过互联网等查阅资料,了解科举考试的内容、考核的方法、培养目的。《岳阳楼记》作为九年级上册的课文,学生在之前的学习中已接触过"记"等古代散文体裁,此时可以将先前所学与本课的内容相衔接,使学生对这类文化常识形成系统性认识。教师可以将渗透目标确定为:联系已经学过的课文,重点了解"书""记""说""铭"等古代散文体裁。

2. 入情得意,理解文化精神

入情得意是指学生在把握课文表层意义的基础上,深入作者当时写作时所处的情境氛围,以理解并领悟作品中传达的深层文化意蕴。在这一阅读阶段,理解文化精神是传统文化渗透的主要目标。

教材中许多选文都凝聚着传统文化的精华,蕴含着中华民族世代沿传的文化精神,这些文化精神往往也正是课文内在隐含的主旨。文化精神的理解,可以从品读关键词句着手,抓住作者含蓄蕴藉的写景之语或直接流露的抒情之语,通过反复品读和方法赏析,深入课文的内在情境去体悟感受。阅读教学的目标不仅应有表层的知识与技能性目标,还应有深层的情感态度与价值观方面的目标。人情得意,理解课文所蕴藉的传统文化精神,正体现了情感态度与价值观方面的目标。通过对课文内在情意的体悟,学生在潜移默化中对传统文化精神形成深入的理解并产生情感共鸣,进而陶冶他们的思想情操,涵养他们的文化精神。例如,杜甫的《春望》一诗中满怀伤时感事的情感,充溢着深沉的爱国之情,教授这篇课文时,可以将目标确定为:感受、理解诗人深沉的爱国情怀。陶渊明的《饮酒(其五)》一文是传统隐逸文化精神的代表之作,教授这篇课文时,可以将目标确定为:理解、感悟诗人热爱自然、淡泊名利的人生态度。

3. 运思及物,塑造文化品行

运思及物是将所读运用于实践的过程,即学生将阅读教学中习得的传统文化内容表现出来,主要指传统文化精神的力行。阅读不仅是"感受""理解"的认识过程,也包含着"行"的实践过程,学习传统文化的目的,最终亦应落实到"行"上。因此,阅读教学不能仅关注学生对传统文化的认知与理解,更应注重培育、塑造他们的文化品行。

塑造文化品行可以通过引导学生向具有高尚文化品行的人物学习来实现。在先前深入理解课文传统文化精神的基础上,使学生剖析自我,以积极主动的态度看到自身与高尚人物的文化品行之间的差距,并通过持之以恒的努力来逐步缩小二者之间的差距。学生在学习与生活中将习得的理想文化品行身体力行,通过日常学习生活中的磨砺和锻炼来增强自身的传统文化底蕴,展现文化精神风貌,逐步塑造自我的文化品行。例如,《行路难(其一)》中,诗人虽出仕无路,胸中满怀郁愤与苦闷,但他仍坚信会有"长风破浪"的一天,体现出他奋发向上的进取精神。教授这篇课文时,教师可以将目标确定为:树立乐观自信的人生态度和追求理想的坚定信念。当然,文化品行的塑造是一个渐进的长期过程,有时学生的传统文化学习可能只是处于内化阶段,行为表现中还没有明显的体现。但这些文化养料在潜移默化之中日渐积累,未来一定会在学生的言行举止中体现,发挥塑造学生文化品行的作用。

### (二)优选传统文化渗透内容

教学内容的选择是初中语文阅读教学传统文化渗透面临的关键性问题。一篇课文可能涉及多个传统文化教学点,择优选取其中最恰切的内容进行教学才能事半功倍,提高传统文化渗透的效率,改善传统文化教学效果。

#### 1. 根据课标要求

一般而言,根据《义务教育语文课程标准》择取教学内容,可以避免教学内容的泛化,在相当程度上保证传统文化渗透的有效性。其中对课程性质的说明是:"语文课程是一门学习语言文字运用的综合性、实践性课程。"这一课程性质要求教师在选取传统文化教学内容时,应当立足于语言文字基础,并且使学生"热爱祖国语言文字",即传统文化渗透不能脱离课文中的语言文字凭空进行。阅读教学应当重视传统文化对学生的精神化教育和熏陶作用,于潜移默化中提升学生的思想道德素养和审美情操,使他们逐渐养成优良的性格品质与健全的人格。由此可见,教师所选取的传统文化教学内容最终应落脚到促进学生精神发展方面,所以在教学中应侧重选取传统文化精神方面的内容进行重点渗透。立足语言文字基础,侧重传统文化精神渗透,这为教师优选传统文化教学内容提供了方向性指导。

另外,《义务教育语文课程标准》在学段目标与实施建议中,反复强调学生在古诗文的阅读过程中,要注重诵读积累、体悟运用、增强体验、培养语感,循序渐进地提升自身的审美品位。在对学生阅读古代诗词和浅易文言文的评价建议中,说明词法与句法等方面的概念不作为考试内容,能通过注释和工具书的阅读,理解古诗词和浅易文言文的基本内容即可。以上要求为教师选择合宜的传统文化教学内容提供了更为具体的指导。

2. 把握学段特点

国家在关于传统文化渗透的系列文件中,要求将传统文化贯穿整个国民教育的始终,结合基础教育(小学、初中、高中)各个学段学生的认知特点进行传统文化渗透。《完善中华优秀传统文化教育指导纲要》中对不同学段传统文化渗透的内容作了说明,从中把握学段特点,对明确初中语文阅读教学传统文化渗透的方向、优选传统文化渗透内容具有重要的指导意义。

初中阶段,学生对传统节日、礼仪、艺术等的学习,不再停留在表面的"了解"与"感受",而是要深入其中,理解其文化内涵,感受其中传达的思想与情感,即学生对传统文化的学习提升到"理解""认同"的层面。所以,对初中阶段传统文化渗入的侧重点有更清晰、明确的认识,可为在初中语文阅读教学中优选传统文化教学内容提供方向性的指导。传统文化教学内容的选择可参考以下两个方面:其一,传统文化渗透内容要兼顾多个方面,"汉字与书法""古代诗文""国家历史""传统节日与习俗""传统艺术""价值观念"都要有所涉及,并与初中阶段的学段要求相适应。其二,传统文化渗透要重视学生对传统文化的"理解"与"认同",尤其是要优选有助于学生深入理解课文文化精神的传统文化。

3. 立足教材文本

教材文本是阅读教学的重要素材与凭借,传统文化渗透内容的选择必须尊重教材、基于教材,立足于具体课文本身的特点。在教学一篇具体的课文时,教师首先应借助教参等工具书对其进行深入地研读,揣摩教材编者的意图,寻找传统文化最佳教学点。揣摩编者意图,可以从单元引语、预习提示、课后巩固题等方面入手。其次,教师应立足文本,关注文体特点,针对不同文体选取不同的传统文化内容进行渗透。教材中的课文可以分为现代文与文言文,文言文包括古代散文,也包括古诗词。以文言

## 第四章　多元化视域下的初中语文阅读教学

文为例,许多文言文集中凝聚着古人的思想情感,抒发着他们的志与道,这些皆是传统文化的鲜明体现,也是文言文教学的重要方面。在文言文课文中,作者传达志与道的精髓之处通常也是文章讲求章法、锤炼字句的地方。因此,教师应在文言文教学中将作者行文的章法、锤炼字句的艺术,尤其是传达的"志"与"道"作为教学内容。就古诗词而言,意象是不可或缺的重要元素,其中往往承载着特别的文化意义,因此,在教学时可以将传统意象选取作为渗透内容。

4. 基于学生学情

选取传统文化教学内容时,教师需要了解学情,了解学生对传统文化内容的认知程度与水平,才能有针对性地进行文化渗透,最大限度地促进学生的传统文化学习。初中阶段学生的抽象思维水平相比小学已经有了较高的提升,以教授古代诗歌为例,教师不能仅将诗歌大意作为教学内容,还应将诗歌的思想情感、艺术手法作为教学内容。当然,在实际教学过程中,教师亦应注意观察学生在学习时所产生的态度反应,思考他们提出的疑惑和问题,根据他们的实际情况及时调整先前预设的教学内容,注重课堂中的即时生成。

尊重学生兴趣也是选取传统文化教学内容时需要考虑的重要因素。学生十分感兴趣,又符合课标要求、课文特点,在可选行列之内的传统文化内容,应当优先选择。笔者在对学生对于传统文化的态度兴趣进行调查时,得出了学生缺乏主动学习的兴趣与内在动力的原因。同时,在关于学生传统文化兴趣的调查中可以看出,传统民俗、传统史学、传统艺术是学生们最感兴趣的三项内容,因此,教师可以在教学时优先选取与此相关的传统文化作为教学内容,如在教授一些古代经典的文化作品时,可以在课堂教学的导入环节适当介绍当时的历史背景、历史人物故事,拓展与此作品相关的传统史学知识,这样既可在课堂伊始引起学生们的兴趣,也有助于他们在后续学习中对课文的文化内涵进行深刻地理解与体悟。总之,在课标要求的宏观框架下,进一步明确学段特点,并对具体课文进行分析,寻找合宜的传统文化教学点,最后根据学生学情对已选择的教学内容进行进一步的推敲,方能优选出最恰当的传统文化内容。

### (三)灵活采用适宜的教学方法

阅读教学传统文化渗透最核心的目标是促进学生对传统文化精神的深入理解,这也是塑造文化品行的基础。只有采用有助于学生文化理解的教学方法,才能由"语言"入"文化",从而收到良好的文化渗透效果,极大程度上达成渗透目标。当然,教学方法的运用并不局限于某一种,教学时应当根据具体的课文内容,灵活采用适合于"这一篇"课文的一种或多种文化渗透方法。

1. 因字解文,文化互证

沉淀着几千年历史底蕴的汉字既是传统文化的介质,也是阅读教学中传统文化渗透的基石。在阅读教学,尤其是文言文教学中,因汉字的深层文化意蕴去阐释、解读文本,才能"知其所以然",帮助学生在历史语境中准确而深入地理解作品表达的文化思想。

例如,在教授《〈论语〉十二章》时,一般情况都是教师仅根据课文注释,将"学而时习之,不亦说乎"一句解释为"学习与温习"的关系。有的教师则认为,应当从"学"与"习"二字的字源入手,深入由字义阐述其中的文化深意。所以,教师可以首先借助PPT出示"学"与"习"从甲骨文到楷书的形体演变,并加以解释。在阐释"学"与"习"文化本意的基础上,教师进一步启发了学生的思考:"学"与"习"之间有什么关系?这句话能够证明儒家学说中的哪一重要观点?这一问题便将学生从对汉字文化意义的把握深入到课文的文化深意中,"学而时习之"并非学习并非经常温习,而是学习并且去躬行实践,将心中的觉悟与身体的实践结合起来,这句话印证的正是儒家"知行统一"的文化思想精华。

2. 诵读体悟,文化理解

所谓诵读,是让学生在初步感知课文内容后,采用朗读的方式熟读课文,渐渐地深化理解,直到可以熟练背诵。考察诵读法的历史源流,"诵读"之"诵"重于读文时的情态,而"诵读"之"读"则更为强调对于课文内容

## 第四章 多元化视域下的初中语文阅读教学

的理解,讲求声律、注重读的质量与数量、各感官协调并用是其基本特点。诵读法作为在长期语文教学实践中总结出的重要方法,其上述特点使得它对阅读教学中学生的文化体悟与理解发挥着行之有效的作用。

将诵读法运用于教学中时,切不可令学生盲目泛读。诵读最基础的要求首先是读准,其次是读出情感,最后要能够背诵。所谓读准,即要读准确各个字词的音,把握好重音、停顿、强弱等节奏;读出情感,就是将作者的情绪带入其中,体悟并理解作者的文化情怀;熟读成诵,则是在多种形式反复诵读、深入理解的基础上,调动感官来提高记诵的效率。

### 3. 群文阅读,文化拓展

倪文锦指出,群文阅读对于学生产生的文化熏陶作用相对单文本阅读来说更为广泛、深刻和持久。[①] 而调查结果显示,学生传统文化学习内在动力不足,产生这个问题的一个重要原因在于他们缺乏背景文化知识,即使了解了文本的字面含义,也仍难以理解其中的传统文化深意,这种畏难心理使学生对传统文化空有敬意而缺乏熟悉、亲切感。适当拓展学生的背景文化知识,是促进他们文化理解的关键之一。背景文化知识越深厚,对于课文文化意义的理解就越充分,久而久之,学生传统文化的阅读能力也会有所长进。群文阅读不仅能够呈现给学生背景知识,实现文化拓展,还能借以组文的对比阅读等来促进他们对传统文化的深度理解。因此,以群文阅读的方式,在阅读教学中针对一篇具体课文确定与传统文化有关的议题,以该议题为中心选择一组文章,为学生还原、拓展与这一篇课文有关的文化背景知识,是实现传统文化渗透的有效方法。

教师在运用群文阅读的方法进行教学时,可以根据具体课文与选定的议题,将课内的几篇文章组文教学,或采取课内外文章相结合的方式。选文既可以围绕作者,选取该作者不同时期的相关作品或与作者生平有关的背景文化类文章,也可以按照同类文化主题,或是按照同一体裁等标准进行选文,例如,在进行陶渊明《饮酒(其五)》一诗的教学时,若以陶渊

---

① 倪文锦.语文核心素养视野中的群文阅读[J].课程·教材·教法,2017,37(6):44—48.

明作品中的隐逸文化精神为议题,则可加选课内的《归园田居(其一)》《桃花源记》两篇课文,补选课外的《从隐逸文化解读陶渊明》以及陶渊明生平故事,从陶渊明的不同体裁(诗作、散文)、生平经历、评论等多篇选文的阅读来拓展文化,使学生从整体上深刻地理解以陶诗为代表的传统隐逸文化精神。一些经典的作品,往往有其内在的契合性,许多经典作品都有着相同或相似的文化主题,将同一主题的传统文化作品组文,可以在阅读教学中实现以文解文的效果,促进学生对这类文化主题的深度理解。

4. 创设情境,文化体验

后现代课程理论认为,知识学习总是与特定的情境密切相连。传统文化内容大多与当今时代相隔较远,在一定程度上脱离了学生现实的生活,超越了他们现有的经验。人生阅历和百科常识的缺乏,是学生不能深入感受、欣赏和理解课文内容与思想的重要原因。因此,在阅读教学时,教师需要将传统文化镶嵌到一定的情境中,通过创设情境,使学生的学习理解与现实世界衔接,引发学生的想象与联想,进而促进他们对传统文化内容的知识获得与情感体验。

那么,如何创设情境呢?首先,可以联系生活实际,唤起学生的真实体验。教师要联系生活实际,创设与学生已有经验相似的情境,使他们回忆起自己的真实生活体验,从而更好地理解传统文化精神,更真切地体验课文中传达的文化情感。其次,可以借助图画、音乐、故事创设情境。由于学生生活经历的限制,他们不一定见过阅读中涉及的与传统文化有关的事物,借助多媒体来呈现相关图画,能够激发学生的想象与联想。最后,教师还可以专门设计教学语言,用真切而形象生动的语言描绘来创设情境,激发学生的联想,引起他们对传统文化的体验与情感共鸣。在一些有条件的地区,教师还可以充分利用当地的传统文化资源,结合相关教学内容组织学生共同参观、游览历史文化古迹。总之,教师从学生的当前认知水平出发,结合现实生活,以传统文化篇目的"文本情境"为基础,运用语言、图画、音乐、故事等多种方式营造贴近学生真实生活的情境,使学生沉浸到文化情境中,方能实现传统文化的有效渗透。

## (四)创新传统文化评价方式

教学评价是在教育方针的指导下,根据一定的教学目标和标准要求,运用一切可行的评价手段对教学效果和教学目标的达成情况进行有价值的判断。通常情况下,阅读教学评价往往对传统文化渗透情况进行一次性评估,将其作为对学习结果的检测放到期中和期末考试试题中,这样的评价方式不仅难以激发学生内在的学习兴趣与动力,也很难起到促进学生文化理解与体验的作用。因此,教师需要创新传统文化渗透的评价方式,坚持以激发学生兴趣为导向,侧重理解与体验,发挥出评价促进文化育人的功能。

### 1. 评价以激励性原则为导向

学生的学习动力与兴趣一方面源自外在的激励,即教师、家长等的肯定;另一方面源自内在的激励,即学生通过自身努力后所获得的成功体验。调查时所发现的学生传统文化学习内在动力不足的问题,也要求教师应当以激励性原则为评价导向,多从正面肯定学生,让学生感受学习带来的愉悦与乐趣,体会传统文化的魅力,促进他们传统文化学习的深入与持续发展。具体来说,是要对传统文化渗透进行多主体、多方式、多角度的评价,从外在激励与内在激励两方面来提升学生对传统文化的学习兴趣。

#### (1)多主体评价,使学生参与评价过程

当前的课程改革倡导多主体评价,其中尤其强调要尊重学生的主体地位,调动学生的评价积极性,促使学生主动地参与评价过程。这不仅有助于学生及时发现自身存在的问题,不断地完善自我,也能充分调动他们学习传统文化的自觉性与主动性,增强他们的学习动机。初中阶段的学生往往缺乏一定的自我评价意识,因此,教师需向学生阐明自我评估的重要性,并在教学中指导他们掌握相关方法。当然,重视学生的评价主体地位,不代表就要否定他人的评价。他人的评价对学生而言同样重要,只有将学生自评、教师评价、家长评价、同伴评价相结合,才能对传统文化渗透

效果形成全面、客观的认识,教师也才能针对评价中存在的问题有目的地进行教育。过去的评价方式主要以教师评价为核心,倘若教师评价不恰当,只看到学生的不足而未看到他们的进步、长处,则很可能会挫伤学生学习的积极性。同伴评价、家长评价等多主体评价的方式,更易使教师从他人的评价中看到学生身上的优点和长处,弥补教师评价的片面性,增进学生的自我肯定和认同。而来自家长的评价,如鼓励的言语和殷切的期盼,也会使学生倍感温暖,成为促进他们传统文化学习的不竭动力。由此可见,学生通过自我评价及时发现并改进不足,通过教师、同伴、家长等他者评价获得肯定与认同,能够激发学生对传统文化的兴趣,起到激励性作用,增强他们学习的内在动力。

(2)多方式评价,重视学生成长的过程

阅读教学中渗透传统文化的最终目标是塑造文化品行,品行的塑造是一个循序渐进的过程,重视的是学生在情感态度、价值观方面的发展转变。采用多种方式评价,尤其是以观察法、档案袋评价法等质性方式进行评价,既可以丰富传统考试的单一形式,又可以着眼于学生的成长过程进行评价,使他们看到自己日积月累的进步,进而产生对传统文化学习的动力与兴趣。观察评价法需要教师在日常阅读教学工作中留心观察学生对传统文化的学习态度、兴趣、习惯、意识、实践情况等,注意学生的一言一行,在观察学生对相关传统文化内容的行为反应后,针对他们当前的表现做出即时、有针对性的反馈。及时、恰当的观察评价能够收到事半功倍的渗透效果。而对不同学生所给予的个性化的评价,如丰富多样的评语内容,针对学生各自的问题与进步提出的符合其个性特点的建议与鼓励,也能让学生充分感受到教师对自己的关注,进而加强他们对自我的监督,增强他们对传统文化的热情与信心。前面提到,传统文化对学生情感精神方面的熏陶作用,需要一个比较长的培养周期,而建立传统文化学习档案袋,通过保存、记录学生整个学习过程中的主要活动进行评价,是对其传统文化学习情况进行长期、持久性的考查,这正符合传统文化渗透的特点。档案袋中可以包含的内容有:能够反映学生朝传统文化学习目标进步的证据;能够反映学生将传统文化运用于实践的例子;能够反映学生在传统文化课堂学习活动的实物(如课堂笔记、发言稿);学生一年中最满意的传统文化学习作品(如课文朗诵作品);学生一年中关于传统文化的测验及其分析;学生自我评价、反思的资料;同伴的观察与评价资料;家长的观察与评价资料;教师的观察与评价资料。这种评价方式把学生每一阶段取得的进步都记录下来,他们的每一点进步都能够被老师、同学、家长看在眼里,当学生回顾自己的成长与进步轨迹时,也会从内心深处产生一种成就感,获得继续努力的动力。另外,传统文化评价还可采取多种灵活、丰富的趣味形式,如根据课文涉及的传统文化开展知识竞赛、课堂诗词朗诵、背诵活动等,这些贯穿于阅读教学中的灵活而富有趣味性的评价方式,能够起到激发学生兴趣、促进学生发展的作用。

(3)多角度评价,全面衡量学生传统文化学习情况

多角度评价是就评价内容而言的,传统文化学习需要"由知到行",因此评价内容不仅要关注传统文化知识方面的内容,更需要关注学生对传统文化精神内容的内化践行,重视他们传统文化的学习态度与学习风气。在评价学生时,明确将思想精神、情感态度、实践情况纳入评价内容体系中,作为考量学生传统文化学习情况的重要维度,可以有效地让学生意识到转变自身思想态度的必要性,理清传统文化学习侧重点,促进他们自主激发对传统文化的兴趣。同伴、家长、教师等在进行评价时,也应当自觉地将学生课堂学习和平时生活中传统文化学习态度价值观方面的内容作为评价的重要方面,在深入观察与了解的基础上,结合学生"知"与"行"等多方面的具体情况做出适当的评价。

## 2.评价侧重理解与体验

学生的传统文化学习是被动接受的还是主动理解与体验的,是停留知识层面的还是深入精神世界的,这些都与评价方式有着紧密的联系。探索促进学生文化理解与体验的评价方式,如设置情境化试题、链接课外

材料等,有助于传统文化在阅读教学中的深入渗透。

(1)设置情境化试题

在一般的考试测验中,涉及传统文化的试题往往只是考查学生对一些简单内容的识记默写。设置情境化试题,可以有效地改善现有试题命制方式存在的问题,促使测验评价实现由重知识识记向重深层理解与体验转变。设置情境化试题,是指根据情境认知理论,以与学生日常生活相通的材料为基础设计问题,让学生调动自己头脑中已有的知识技能,在具体问题情境中主动思考、整合升华,根据自己的理解与体验做出回答。

(2)链接课外材料

课堂阅读教学采用群文阅读的方法可以拓宽学生的文化视野,丰富他们的背景文化知识,增进他们对课文中传统文化内容的深层理解。试题评价同样可以链接简短的课外材料,在课内与课外文本的比较阅读中综合评价学生对传统文化精神内核的理解与体验情况。

## 第三节　新媒体环境下的初中语文阅读教学

### 一、新媒体的发展及阅读行为的变化

"新媒体"是美国哥伦比亚广播电视网(CBS)技术研究所所长戈尔德马克于1967年率先提出的。之后,"新媒体"作为一个新概念的讨论就没有停止过。由于新媒体的"新"是相对于传统媒体而言的,其内涵正随着媒体的发展而不断充实和更新,故学术界对"新媒体"概念的界定也一直没有统一。联合国教科文组织早期给新媒体的定义是:新媒体就是网络媒体。高校教材《新媒体概论》对"新媒体"的定义是:相对于传统媒体而言的,报刊、广播、电视等传统媒体以后发展起的媒体形态,是利用数字技术、网络技术、移动技术,通过互联网、无线通信网、卫星等渠道以及电脑、手机、数字电视机等终端,向用户提供信息和娱乐服务的传播形态和媒体

形态。严格地说,新媒体应该称为数字化新媒体。相关的定义还有很多,基本是基于新媒体的数字信息技术和网络形态提出的,在此不一一列述。

面对各机构组织和研究学者赋予的不同定义,有学者认为,技术上的"数字化"和传播过程中的高度"互动性"才是新媒体区别于传统媒体的根本特征。基于近年来广泛呈现于大众面前的新媒体存在形式,该观点突出了新媒体区别于传统媒体的最大特点,更贴合当下新媒体的发展趋势。在这种观点下,新媒体不再是笼统的数字化媒体,而是能够最大限度地实现受众互动参与的互联网以及处于互联网下的移动终端。这些新媒体的特点给大众阅读行为带来了影响。曾祥芹和韩雪屏在《阅读学原理》中对"阅读"的概述如下:一种"从印的或写的符号中取得意义的心理过程"和"基本的智力过程"(《中国大百科》的定义),其包括了"读者、读物、阅读时境"三大因素。《阅读学新论》中也提到了,阅读本身是一种以视觉感知为活动的主要形式,以书面语言为主要对象,为获取知识与信息,相伴着感情活动的思维活动过程。显然,和报刊、电视等传统媒体相比,互联网或互联网下的移动终端丰富了读物的存在形式,使符号的承载量、可承载类型和呈现形式更加灵活、多样,其所营造的阅读情境也变成了一个多元交互的信息传递系统,能够同步实现受众的身份转换与信息传递,使得每个信息的接受者也是信息的传递者,体现了一种以人的意志为转移的多元交互的信息传递关系。这就使阅读者的阅读目的、阅读方式、阅读思维和阅读情感等因素都有所变化,阅读的活动过程也发展成对多类信息进行筛选、接收、整合和输出的综合处理过程。

中国互联网络信息中心发布的《中国互联网络发展状况统计报告》显示,互联网、智能手机等网络移动终端是新媒体的主要组成部分。可见,随着这些新媒体的发展,新媒体的受众已有相当的数量并逐年增加。可以预测,基于新媒体环境的阅读行为作为一种新的阅读趋势正在流行,并且将随着新媒体时代的推进发展为国民阅读的常态。

## 二、新媒体影响下的阅读特征

### (一)更为充分的互动参与

新媒体更为便捷的信息交互渠道和更为丰富多样的阅读平台使阅读中的读者与作者以及他人之间的交流对话得到了更充分的实现,互动参与的方式更加自由、多样、灵活。新媒体庞大的信息承载量和使用范围也使阅读的互动空间和参与对象的范围更为广泛。不同的阅读平台都存在点赞、留言、话题、直播讨论等多种互动模式,且基本没有时间、空间和内容的限制,进入的成本和门槛低,任何人都可以注册账号参与互动阅读,随时随地交流心得体会,读者对评论的再评论也可以成为其他人的阅读内容,如此延续,循环往复。总之,无论是读者之间还是读者与作者之间,阅读时产生的表达、交流和获得反馈的心理需求在新媒体环境下都可以得到更为及时有效的满足。相比之下,传统阅读的互动参与受到较多的限制。例如,某报刊媒介有一个互动专栏供读者表达与分享阅读体会,读者可以通过邮寄、电话等方式送出信息,但是从报刊收到反馈信息再到下一次刊登共享,这个过程有一定的时间差,互动的不同步不仅影响了信息共享的效果,也无法最大限度地满足读者及时表达和收获回应的心理需求。信息从读者到编辑部再到读者也是一个多环节的过程,如果其中任何一环出现问题,如报刊没有收到反馈信息,下一次的版面空间不足等,这个信息传输过程就会中断,互动就无法顺利完成。而且,互动的参与对象十分局限,只有在恰当的时间内购买并阅读该报刊的读者才能及时跟上互动交流的节奏。

### (二)更为广泛的社会阅读

充分的互动参与也强化了阅读行为的社会性。阅读作为读者与作者的思想交汇甚至更多人共同切磋的过程本身就表现出了群体性,即强烈的社会性。而新媒体带来的相互交织的信息系统和更为便捷的互动参与，使彼此间的交流更加充分，使有着共同阅读取向的个体更容易聚集到一起形成群体的阅读行为，且个体作为信息传播中重要环节的角色在新媒体环境下更为突出，个体的信息处理和大众的信息传播完整地融合了，这也使个体的阅读取向极易在短时间内聚焦起来，对大众阅读趋势产生了作用。

  从近年来的新媒体形势可见，新媒体阅读平台普遍倾向于传播公共信息这类大众普遍关注的内容。例如，猴年春晚开播的前夕，"网友呼吁六小龄童上春晚"的事件聚集了大众读者的关注，嗅到热度的各大新媒体终端也都在第一时间分享了相关资讯，从中获取了不少关注度和浏览量。其中，几大知名新闻客户端对事件进展进行了跟踪播报，很多社区平台也发布了主题讨论，音频类客户端推出了《西游记》怀旧系列歌单等音频节目刊物，购物消费的客户端也都围绕《西游记》主题发布了相关推送。无论自身情况如何，无论是出于有意还是无意，读者基本处于大众舆论的包围中，随时进行着群体化阅读行为，且随时可能成为公共信息的传播者，这也使读者的阅读选择具有了更多的社会意识。不同平台的传播以期该事件能获得更多的关注和更高的重视。可见，新媒体环境下的阅读行为体现了更为广泛的社会性，而读者身为社会成员的主体价值以及参与社会进程、发挥社会作用的诉求在这个过程中也得到了满足。

### （三）更为高效的阅读行为

  日新月异的信息技术推进了信息的更新速度，也使个体对一定时间段内通过阅读所能获取的有效信息的数量、种类、时效性等因素有了更高的要求。在互联网和移动终端的支持下，各类资源集合与共享的场所如雨后春笋般地出现，且各个平台都有各自的指向和受众。读者可以根据自身的阅读需求到不同平台浏览信息，这也为他们的阅读效率提供了保障。而且，与阅览室等传统的阅读平台相比，这些平台的信息发布量大、涵盖面广、分布集中、更新速度快、时效性高、阅读成本总体偏低，能够同时满足读者对阅读信息的多重需求。

## (四)更为丰富的阅读内容

新媒体承载的信息量是庞大的。新媒体爆炸式的信息量使读者可轻易获得的阅读内容几乎涵盖了自然科学、社会热点、时事政治、娱乐八卦、时尚流行、文学艺术等方方面面,既有多元的广度,也有探究的深度。例如,在新媒体上以文学作品为内容展开搜索,可以同时获得古典的和现代的、经典的和流行的、中国的和外国的各种文体的作品。以教育教学为内容进行搜索,可以同时查阅不同民族、不同国度或者不同时期的相关资料。若想有深度的了解,还可以登录知网、中国国家图书馆等资料库查阅相关的专业、权威的研究型资料。而且,这种集广度与深度为一体的阅读可以同时通过新媒体阅读平台一个小小的窗口实现。例如,在知乎客户端上,读者可以通过向专业人士发问并邀答的形式写下包括自然和社会科学在内的任一方面问题,寻求专业人士的分析和引导。相关的专业人士收到该问题后可以在第一时间给出反馈意见,其他读者也可针对这些反馈提出新的问题,或者加以补充,逐渐地对问题的解答与讨论越来越多,并最终形成一个主题的探究型资源共享。虽然传统媒介也包含了丰富的阅读内容,但由于传统媒介有限的流动性,它们无法全部集中于一个空间内供读者快捷地搜索和提取。在传统媒介中,要如此高效地集中某一领域的专业人士,让他们在第一时间内对某个问题主动给予专业性的反馈,并在公共平台同步共享、深入探究,是很难实现的,这也是读者在阅读中了解专业知识、展示专业能力、发挥专业作用、体现专业价值的不同个体追求的实现。

## 三、新媒体环境下初中语文阅读教学的实施策略

新媒体在教育的改革中还有很长一段路要走,需要政府部门的支持、学校的重视、教师观念的转变和设计者的参与。也就是说,在信息技术的大背景下,要从政策、经费、人员等各方面全力推动。我们需要将课堂教学信息化作为重点,并要考虑教师用户在应用中的刚性需求,抓住痛点,

## 第四章 多元化视域下的初中语文阅读教学

实现创新。

### (一)正确看待新媒体在初中语文阅读教学中的地位

一个新事物的出现总是伴随着争议,教师从"一根粉笔走天下"到"老式放映机"到多媒体投影仪,再到现在的网络终端等新媒体设施,所有的教育设施都在争议中发展和完善。不难看出,我们在争议的同时也对教育现状改革有迫切的希望,希望教育朝着更好的方向发展。新媒体应用于语文阅读教学是教育改革和发展的必然趋势,教师要正视新媒体对教育的促进作用,积极参加培训,提高新媒体设施的利用率。教师若永远对新媒体保持排斥的态度,只当作是一种应付和做表面工程,久而久之,教师就可能无法达到和设计者、学生、教学过程的有效改进循环,将故步自封。

学生的学习兴趣随着年级变化逐步降低。在初中语文阅读教学过程中,视听觉因素对学生的影响很大。可见,教师应充分合理利用新媒体,发挥视听觉结合的优势,提高学生阅读兴趣和阅读教学的效率。

### (二)加强教师与学生的双向交流

语文是工具性和人文性的统一,既肩负着传授学生语文知识的任务,又要在教学中渗透人文思想,提高学生的审美能力。在运用新媒体进行阅读教学的过程中,教师和学生面对的是"人""机"单向交流,缺乏基本的情感交流。

苏霍姆林斯基指出:情感如同肥沃的土壤,知识的种子就播种在情感的土壤上。一旦对阅读失去情感,思维、记忆等认识技能的提升将会受到严重阻碍,无论何等抽象的思维,没有情感都不能进行。因此,教师在使用新媒体辅助语文阅读教学的过程中,要注意融入情感的调动因素,以饱满的精神状态点燃学生的阅读激情,做到双向互动和沟通;要突出学生在教学中的主体性和教师的主导作用,要注意扬长避短,因为并不是所有的教学内容都适用新媒体技术,不能为了用而用,而要适合用才用;要坚决避免使用粗制滥造的教学课件对学生进行疲劳轰炸；要留有即兴发挥的余地和提问互动的时间，不能全部依赖新媒体上的内容。此外，教师要结合板书进行讲授，变换课堂教学形式，吸引学生的注意力，以免学生产生视觉疲劳。将传统教学方式与新媒体技术有机结合，有利于提高课堂教学效果。

### (三)平衡互联网与非互联网生活

初中学生虽作为"数字土著"，但自我掌控和辨别能力较差，需要学校、家庭以及社会的积极引导，即要坚决扎紧"篱笆"，积极做好网络安全防范措施，把好网络的"入口""出口"，避免学生陷入网络黑洞不能自拔。随着学生可选择的学习内容、方法、参与的方式日益丰富，学校需帮助学生在互联与非互联生活之间寻找到一个平衡点，确保其不会在丰富的信息空间与技术世界里迷失自我，应鼓励学生科学、合理地使用新媒体技术，对数字世界保持清醒、理性的认识。

此外，新媒体阅读的大势已不可逆转，关键是要转变阅读时的心态。传统书籍和电子书完全可以共同生存。只有静心，不急功近利，不为猎奇八卦而阅读，不为谣言假象而迷惑，才可能避免新媒体阅读弊端。当然，我们也不能忽视纸质书籍带给人们的精神愉悦和心灵触动。现在公共图书馆已经全部免费开放，教师还应该通过多种学习活动，鼓励学生走进图书馆，亲身感受书卷的气息，养成自主阅读和利用图书馆的好习惯，这种阅读体验则是网络空间所无法替代的。

### (四)培养阅读媒介素养

新媒体高速发展，使人们的学习和生活更加便利和多样化，也带来了纷纭杂沓的信息，媒介素养教育已成为学生面对信息爆炸的社会所需要的核心素养。叶圣陶先生认为，在课堂里教语文，最终目的达到"不需要教"，使学生养成这样一种能力，不待老师教，自己能阅读。教师在日常教学中渗透阅读媒介素养教育，培养学生具备从纷繁复杂、琳琅满目的信息

## 第四章 多元化视域下的初中语文阅读教学

海洋中提取自己需要的、有价值的信息的能力;分析信息的能力及做出客观评价的能力。在当下这样一个媒介平台无所不在的世界里,培养孩子的媒介素养,就等于给了他们一双在新世界翱翔的翅膀。

# 第五章　初中学生语文阅读基本能力的提升策略

## 第一节　初中学生语文阅读素养的培养

### 一、阅读素养的概念

"素"有平常之意,"养"有修养之意,"素养"即平常的修养,"修养"有综合素养之意,可见素养不是一蹴而就的,而是靠平时积累而成的。这种综合素养一经习得,便具有稳定而不易变化的特点。

阅读是读者对读物认知、理解、内化、应用的复杂心智过程,是我们学习的重要智能活动和主要途径,主要包括阅读知识、阅读能力、阅读态度三个核心内容。

#### (一)阅读知识是阅读素养的基石

阅读知识指学生在阅读过程中必须掌握的基础知识,知识是素养的基石,也是教学进行的基础要素。阅读知识包括两类知识:一是语言知识,指阅读过程对字、词、句、篇、修辞等知识的把握;二是文本知识,包括文章阅读知识和文学阅读知识。《义务教育语文课程标准》明确学生在阅读中应该达到的目标是能在阅读中了解叙述、描写、说明、议论、抒情等表达方式。文学阅读知识包括文学史知识(涉及作家作品)、文学体裁知识(涉及诗歌、散文、小说、戏剧)、文艺理论知识(召唤结构理论、陌生化理论等)。知识分为陈述性知识和程序性知识,阅读知识不仅包含知识本身,还包含获得知识的策略或者方法。

## (二)阅读能力是阅读素养的核心

阅读能力指学生通过阅读而获得的能力,是评价阅读素养的重要标准,所以成为美国国家教育进步评价、国际阅读素养进展研究项目、国际学生评估项目阅读素养测评的重要内容,强调从信息检索、文本理解、反思与评价三个维度阐述阅读能力。信息检索能力指在文本中查找信息、筛选信息的能力;文本理解能力指对字面意思的理解和解释能力、对文本内容的整合和概括能力、对文章主题和作者情感的推理能力;反思与评价能力指阅读过程中较高级的能力层次,包括评价文本内容和形式的鉴赏能力、将文本与知识结合起来并解决问题的迁移能力。三种阅读能力要求从低到高,而阅读能力训练是阅读教学的中心环节,也是阅读素养的核心内容。

## (三)阅读态度是阅读素养的保证

"态度"是一个心理学词语,是个体对特有对象所持有的稳定的心理倾向,且这种心理倾向具有主动性。阅读态度指阅读者在阅读过程中对读物所持有的主动性、稳定性的心理特征。阅读态度包括动机和情感两大部分,具体包括阅读目的、兴趣以及过程中学生情感、认知和行为的投入多少情况。PIRLS 和 PISA 测评结果表明,阅读态度越好,测评成绩越乐观。

简而言之,阅读素养范围较广,阅读素养不仅包含了阅读知识和阅读能力这些显性素养,还涵盖阅读目的、兴趣、时间、习惯等隐性素养。学生发展不仅需要学习力,还需要促进学习力产生的内驱力,即隐性素养。

# 二、提高阅读素养的背景和意义

## (一)提高阅读素养的背景

### 1. 培育阅读素养是时代发展的要求

刘向诗云:"书犹药也,善读之可以医愚",欧阳修说:"立身以力学为先,力学以读书为本",培根说:"读书给人以乐趣,给人以光彩,给人以才干"。可以看出,古今中外的学者都把书籍视为人类宝贵的精神财富,自

20世纪以来,世界各国逐步把竞争转移到教育及文化领域,国家之间的竞争不再仅仅是军事、经济等硬实力方面的竞争,更有教育、文化、素养等软实力方面的竞争,国人阅读素养高低成为国际竞争力强弱的重要衡量标准。因此,阅读素养的培养引起世界各国的高度重视。2018年,PISA又开始它的第三轮测试,以阅读素养为主要测试领域,数学素养和科学素养为次要测试领域,再次掀起阅读素养研究的热潮。

2. 提高阅读素养是语文课程改革的首要理念

《全日制义务教育语文课程标准(实验稿)》提出语文学科的课程理念,明确提出全面提高学生的语文素养。"语文素养"一词内涵颇广,既包括听、说、读、写的能力,又包括支配这些行为的语文知识、语文感悟、语文动机、情感态度等。所以,语文素养的提升并非一朝一夕之事,而是一个逐渐养成、永无止境的过程。随着课程标准的不断革新,阅读教学也面临新的挑战,阅读能力不再是阅读教学的唯一目标,全面提高学生阅读素养才是阅读教学的职责所在。教育部在2014年颁布的《关于全面深化课程改革落实立德树人根本任务的意见》中,明确提出要培养学生的核心素养。2016年,教育部正式出台了《中国学生发展核心素养》总体框架。随着国家教育政策的推进,学科核心素养研究也日渐增多。语文学科核心素养是指在语文学习中获得的适应终身发展和社会发展需要的必备品格和关键能力。阅读教学是语文教学的关键环节,阅读素养自然是语文学科核心素养的核心内容。

3. 阅读素养是人终身发展的关键素养

在信息时代,阅读是人们获取信息的主要渠道,我们每天都生活在阅读信息、获取信息、分析信息的环境中。面对众多信息,应该如何选择、如何辨析、如何解读,这都与阅读素养息息相关。从心理学角度看,义务教育阶段是学生基础知识框架、行为习惯、思维方法以及情感态度价值观形成的重要阶段。钟启全教授在《学科教学论基础》中提到,任何一门学科的教学目标大致由四个部分组成,分别是知识、理解;技能;思考力和判断力;关心、动机、态度。同阶段学生习得知识与技能大致相同,可实际表明,不是所有学生在十年或者二十年后都发展得同样优秀。不难发现,促进这些优秀人才良好发展的不仅仅是他们获得的知识和能力等显性因素,更有动机、态度、意志、思维等隐性因素,而且正是这些隐性因素发挥着至关重要的作用。对于处在义务教育阶段的学生,他们的综合素养主要通过学校教育获得。学校教育是对人的教育,教育教学应以人为本,着眼于人的终身发展。语文学科是学习其他学科的基础,阅读教学环节是语文学科的主要环节,阅读素养是人终身发展的基础素养,所以,提高学生阅读素养迫在眉睫。

## (二)提高阅读素养的意义

长期以来,我国初中语文的阅读教学几乎都只注重知识的传达和技巧方法的渗透,以理解本篇文本或者本类文本为阅读教学目的。虽然阅读能力是初中语文阅读教学的目标,但绝不是最终目标,阅读的最终目标是要提高阅读素养。阅读素养的定义是不断发展的,2018年,PISA将阅读素养的定义更新为:为了实现个人发展目标,增长知识、发挥潜能并参与社会活动,而对书面文本的理解、运用、评价、反思和参与。PISA对阅读素养的定义是基于学生终身发展而提出的,这正好与学科核心素养的理念以及语文课程改革的理念一致。阅读教学环节是语文教学的重要环节,语文学科的核心素养主要通过阅读教学而获得,阅读素养也就成了语文学科核心素养的关键。

于学生而言,阅读素养是学生的综合素养之一,对于初中学生来说,无论是继续学习还是走上社会,阅读素养都为其终身发展奠定了坚实的基础。同时,初中阶段正是学生人格形成的关键时期,阅读素养的培养有利于初中学生良好人格的形成。

于教师而言,教师在学生学习和发展过程中起着不可忽视的作用,语文教师应该自觉承担起培养学生阅读素养的重要责任,然而,提高学生阅读素养是一个艰难而漫长的过程。为使阅读教学方法行之有效,为培养影响学生终身的阅读素养,语文教师应该不断学习钻研,努力提高自身综合素养,立志成为一个研究型教育工作者。所以,基于阅读素养提升的阅读教学策略优化研究对教师本身就是一个挑战和一次成长。

于阅读教学方式革新而言,阅读对不少学生来说是一个比较困难的问题,同样,有效的阅读教学对语文教师来说也是一个难以攻克的问题。

长期以来,社会各界对阅读教学现状都持怀疑态度。不少人认为,有效学习的捷径就是兴趣,然而,目前的阅读教学既没有激发学生的阅读兴趣,又没有引导学生潜入文本深读,这样的阅读课堂毫无魅力可言,以致让学生失去对语文学习的热情。新课改后,上述问题有所改观,但部分语文教师在阅读教学中又走向另外一个极端——"重形式轻本质""重活动轻指导""重任务轻实效""重预设轻生成",这样的新"四重四轻"现象普遍存在。这些"表演课"不利于提升学生的阅读素养。如果以提升学生阅读素养为阅读教学目标,语文教师就要在阅读教学过程中始终把握这个目标,努力尝试,改变以往阅读教学方式方法,才能有利于突破阅读教学的瓶颈。

## 三、初中学生语文阅读素养的培养和提升策略

### (一)明确阅读价值

阅读可以治愚,也可以正心,自古以来,阅读都因其有巨大价值而被世人看重,上至统治阶级,下至平民百姓,大部分人以读书为乐,在书籍中寻求真知,挑战真知,获得自己的精神财富,阅读的价值在历史上是被肯定的。儒家认为,读书的好处在于可以修身、齐家、治国、平天下。从大处讲,阅读是一种社会责任,所谓为中华民族之崛起而读书,从小处讲,阅读可以修身养性,可以完善自我。作为语文教师,首先要认识到阅读的重要性,同时也要将阅读的重要性传达给学生,让他们意识到阅读具有不可估量的价值。

#### 1.引导学生树立阅读素养观

价值观是人认知事物和辨别是非的取向,价值观一旦形成,从某种程度上讲就具备了稳定性和倾向性。阅读价值观一经形成,也就影响着阅读兴趣、阅读态度、阅读投入和阅读内容等。所以,于初中阶段的学生而言,正确的阅读价值观于其一生至关重要。阅读不仅是为应对考试,也不仅是为升学,而是应该着眼于提高阅读综合素养,为学生的终身发展打下坚实基础。阅读素养是时代发展的要求,是国家软实力的衡量标杆,是世界各国关注的焦点,因此,树立阅读素养观也是大势所趋。从各界对阅读

素养观的探讨和研究来看,现代阅读素养观理念主要包括几个方面:首先是阅读目的多重性,既要满足个人爱好,又得满足社会实践需要;其次是阅读内容的广泛性,阅读文本可以是连续文本,也可以是非连续性文本,也可以是数字阅读等;最后是阅读方式强调个体能动性,强调内驱力对促进人发展具有决定性作用。

学校阅读教学是初中阶段学生获得阅读素养的主要途径,语文教师在学生阅读价值观形成过程中扮演着重要角色,所以不仅自身要树立阅读素养观,还应从多个方面引导学生树立阅读素养观。

2. 明确阅读功用价值和非功用价值具有统一性

国际阅读素养测评机制都强调阅读目的或者阅读情境,PISA对阅读情境做了详细描述,包括个人、公共、工作、教育方面。也就是说,个人阅读不完全是为了满足个人娱乐,在很多情况下,阅读更是为工作、为生活等社会活动。国际阅读素养评价机制对阅读情境的规定与语文课程的性质特征不谋而合,语文课程不仅具有工具性,还具有人文性,既要提高学生运用语言文字的能力,又要培养学生的人文情怀。语文教师要清楚地认识到语文教学应该实现工具性与人文性的统一,也要帮助学生理解阅读功用性价值和非功用性价值是统一的整体,二者不可偏废其一。

### (二)增加阅读知识储备

1. 言文合一,落实文言词汇知识

文言文是我国的文学精华,承载着中国几千年的文化,于漪老师说,文言文"渗进了民族睿智的中华文明的地质层"。从初中语文教材看,文言文所占篇幅巨大,而且统编教材还在数量上有所增加,以此看来,文言文是阅读教学中的重要内容。但是,文言文教学现状不容乐观也是一个不争的事实,文言文教学不理想的重要原因是学生的文言基础知识不牢固,文言词汇知识不扎实。在文言文课堂上,教师应注重落实重要文言词语的含义,将重要文言实词和虚词放在语境中,将文言自然融合,让学生在文本理解、文学欣赏中掌握文言词汇知识。在心理学中,记忆有瞬间记忆、短时记忆、长时记忆之分,教师可以通过一些有效的手段,比如每周一次小测试、文言文的知识抢答活动等检测学生字词知识掌握情况,以巩固其文言文的词汇知识。

2.伺机补充,丰富文本基础知识

文本知识涉及颇广,包括文章知识、文学知识,而文章知识和文学知识本来就是比较复杂的体系,所以,不必将文本知识单独作为一个体系,能将其与具体文本结合最好。比如,在学习记叙文时,了解记叙文知识;在接触说明文时,学习说明文知识;学习边塞诗歌时,介绍边塞诗歌的特点、代表性诗人等;甚至在文本鉴赏部分,教师还可以引入一些文艺理论知识,如结构理论、陌生化理论等,将文本知识与文本学习结合起来,教学效果更佳。

### (三)养成积极的阅读态度

阅读态度指阅读者在阅读过程中对读物所持有的主动性、稳定性的心理特征。包括阅读动机和阅读情感,具体包括阅读目的、阅读兴趣以及阅读过程中情感、认知和行为的投入情况。如何养成积极的阅读态度呢?可以参考以下几点:

1.设置目标与计划,明确阅读方向

教学目标是教师教学的方向,评价一节课的完成度也必须考虑这节课的教学目标是否达成。学生学习需要目标,阅读也需要目标,只有具备适合的方向,学习任务才能更好地完成,所以,阅读计划是阅读目标有效达到的保证。对于低年级学生,教师可以引导和帮助他们制订相应的阅读目标和阅读计划,而对于高年级学生,教师则需要求他们学会根据自身情况制订阅读目标和计划。阅读目标可以从多个维度制订,如时间、字数、内容等,大致可以将阅读目标分为精熟目标和表现目标。精熟目标是指学生通过学习达到理解文本、发展新技巧、自我改善的目的,而表现目标则是指学生通过学习证明自己的能力、获得认可、保护自我价值和希望在与他人的竞争中超越他人的目标。阅读计划有短期计划、中期计划和长期计划,学生应该按照阅读计划实现阅读目标。

2.重视自我提问及调节,关注阅读过程

在阅读过程中,学生应自觉养成自我提问意识,如反馈阅读过程是否按计划进行?阅读行为是否符合阅读目标?是否已经领会文本且领会程

## 第五章 初中学生语文阅读基本能力的提升策略

度深浅等。有自问过程便有思考、反馈和问题,一旦出现问题,就需对阅读过程进行调整,这些行为都建立在学生能动性和自主性基础之上。当然学生并非天生就有自我提问及调节能力,这些能力是随着学生知识和经验的积累不断丰富发展起来的。监控行为本身就有像学生心理发展一样有自身规律,从他控到自控,监控的主动性由不自觉到自觉再到自动化,关注维度增多,监控范围从局部到整体,敏感性增强,迁移性提高。因此,在学生他控阶段,教师要帮助学生构建自我调控意识、培养自我调控能力。以小说《骆驼祥子》为例,教师要注意在每个阶段留给学生相应的问题,如"今天(这周)的读书任务完成了吗?""你认为祥子是一个怎样的人?""祥子的人生轨迹是怎样的?""这篇小说的主题是什么?"等,问题设置要根据读书计划的进展由浅入深,层层深入,发现问题,进而解决问题,根据阅读情况调整阅读方法和进程。

### 3. 增加阅读时间,保证行为投入

教师首先需要明确学生是学习的主体,是课堂的中心。尽管早已提出要坚持学生主体性原则,但是,一些教师仍然采用自导自演的教学方式,教学设计"严密""环环相扣",一节课下来,教师累得淋漓大汗,学生却少知甚至不知其所云,这样的阅读课是低效甚至无效的。在应试教育背景下,学生在题海中埋头苦干,钻研答题技巧,没有足够的时间阅读,阅读量自然达不到要求,阅读素养也就不尽如人意了。语文课堂应该是当下教育的一片净土,是学生净化心灵、陶冶情操的地方。所以,教师要合理设计教案,真正做到以学生为中心,把时间还给学生,学会做一个"懒老师"。笔者在前面已经提到学生体验的重要性,足够的阅读时间是学生获得独特体验的必备前提。所以,教师可以增加学生朗读的时间、默读的时间、思考的时间、合作讨论的时间、阅读交流活动次数等,让学生在这些过程中有所感、有所获。课堂时间非常有限,不可能全交给学生,教师还要扮演好主导角色,引导学生利用课外时间阅读。对于一些缺乏自主性的学生,教师最好与学生共同制订阅读目的和计划。此外,教师还要以查看阅读笔记、阅读摘抄、开展阅读交流会等形式检查学生阅读情况。阅读时间是阅读的保证,只有师生共同投入时间,阅读素养才有提高的可能性。

#### 4. 拓展文本多样性，维持阅读兴趣

文本多样性是 PISA 的特点之一，从测试文本情境看，涉及个人、公共、职业、教育几个方面；从文本类型看，测试文本有连续性文本、非连续性文本、混合文本、多种文本；从文体类型看，包括描写、议论、说明、叙述、指示、交流。当下，语文阅读教学存在着文本情境单一、文本形式单一、文体类型不全面的现象。从阅读素养看，教师需要拓展文本多样性，从多个维度培养学生阅读素养；从学生阅读心理变化特点看，教师需要为学生创造文本新鲜感以保持学生的阅读兴趣。除了语文课本外，教师可以加入其他阅读材料，如电子邮件、博客、报纸、各种图表等。在课外阅读方面，教师可以突破义务教育阶段名著阅读篇目的限制，除了文学类书籍外，教师还可以为学生推荐一些历史、哲学、美学、伦理学等方面的书籍，当然，推荐书目应是教师精心挑选、适合学生阅读的。教师也可放手让学生推荐，自己做好"把关人"的角色。阅读文本形式越丰富，就越容易激发并维持学生的阅读兴趣，越有利于学生阅读素养的提升。

#### 5. 增加个性化阅读，激发创造潜能

个性化阅读以接受美学理论和对话理论为理论基础，强调学生作为阅读者与文本的对话。阅读教学是语文教师以学生为中心，帮助学生获得阅读体验的教学活动。个性化的阅读教学具备三方面特征，即尊重学生自主性、创造课堂开放性和激发学生创造性。反观目前的阅读教学，无论是学生自主性和创造性还是课堂的开放性都没有得到充分体现，阅读课堂注重预设，忽略生成，注重技巧方法，忽视情感体验。阅读课堂本应该"百家争鸣"，却成了"一师之言"，失去了原有的活力与乐趣。这样的课堂激不起学生更多的情感投入，所以，改变"一师之言"现象迫在眉睫。学生因为知识储备和生活经验不足，与文本、与作者对话受阻，此时教师就要架起学生与文本之间沟通的桥梁。

#### 6. 促进有效合作探究，提高阅读参与度

学习参与度是 PISA 对阅读素养的重要衡量标准，参与度涉及课堂发言次数、活动出勤率、与学习伙伴讨论等方面，较高参与度是阅读行为高投入者的重要表现，而积极参与合作探究式学习活动是学生积极参与课堂的表现之探究式学习是当下比较提倡的一种教学方式，探究式教学

的本质特征是教师要提供一种智力以及社会交往的环境,而不是流于表面、毫无意义的形式探究。为了促进有效的探究形式,可以通过小组合作方式提高学生参与度,并且教师在阅读过程要注意提问艺术。探究式教学中的探究内容通过问题呈现,整个探究过程也是以问题为中心,所以,教师是否能提出或者引导学生提出适合探究的问题,对学生阅读主动性、活跃性的发挥有着决定性作用。同时,教师还要关注学生探究过程,过程体验远比结果重要。

### (四)不断提高阅读能力

**1. 采用复述策略,强化信息检索能力**

信息检索能力指在文本中查找信息、筛选信息的能力,又称文本信息定位筛选能力,它是阅读能力中最为基础的要求。在不熟悉的文本阅读中,学生的信息检索能力较差,对文本形式或者内容上的不熟悉成为学生的阅读障碍,降低了阅读积极性,分散了阅读注意力。为了有效地完成阅读活动,教师可以采用复述策略,即在工作记忆中为了保持信息,运用内部语言在大脑上重现学习材料或刺激,以便将注意力维持在学习材料上的策略。具体可以采用随文批注和列预习提纲策略等。

**2. 重视自我建构,提高文本理解**

如果说文本信息定位筛选能力是基础能力,那么,文本理解能力就是核心能力。理解即阅读者对文本的自我建构,学生没有对文本进行合理适度的理解,那文本就失去了意义。所以,提高学生文本理解能力也是很有必要的。

(1)开启"读"的模式

俗话说"书读百遍,其义自现"。要充分理解文本,离不开"读"。"读"是阅读核心,"读"既可以有声,又可以无声。有声读即朗读、诵读等出声阅读;无声读即默读、精读、略读、跳读等不出声阅读。"读"是整个阅读活动的主线,贯穿前后。阅读教学不能脱离"读",阅读课堂既需要琅琅读书声,又需要默默翻书声。教师一旦带领学生进入阅读课堂,就应该开启"读"模式,根据不同文本、不同内容,灵活选择恰当的"读"法。比如,在散文、诗歌、文言文等教学中,要注重朗读、精读;在说明文、议论文等教学中,要注重默读、跳读。教师不能局限于某一种读法,只要可以帮助学生理解文本的"读"都可以考虑采用。

(2)正确把握内外语境

语境即语言环境,理解文本离不开语言环境,语境分为外语境和内语境,外语境指作家概况和写作背景,内语境指文本语言环境。一篇文章由字、词、句组成,作者想要表达的情感和哲理,编者想要学生理解的内容,都潜藏在字、词、句背后。因此,在引导学生解读文本时,教师必须把这些字、词以及句子放回具体的语言环境中,只有这样,单一的字面义才能变成有血有肉的语境义,也只有这样,学生才能更好地理解文本。

教师向学生介绍作家作品、相关背景知识似乎成了每堂阅读课的第一任务,但并不是每一次知人论世都对学生理解文本有帮助。教师要在充分理解文本的基础之上,合理引用语境,该不该介绍,到底在哪个教学环节中介绍,又以怎样的方式介绍,学生对于作者和背景需要了解到什么程度等问题都需要教师仔细衡量,而不是全部将作家作品、背景知识扔给学生,要充分发挥知人论世的作用。

(3)恰当利用信息技术

当下是信息时代,现代信息技术早已进入语文课堂,并且扮演着一个不可或缺的角色。在阅读教学中,教师应提升信息化素养,结合信息化技术积极革新教学行为,有效利用信息技术的优越性和先进性创设良好的学习环境,为提升学生的阅读理解能力服务。如多媒体技术能带给学生更为刺激的感官冲击,弥补了传统语文课堂不足,所以教师可以借助多媒体创设出一个较为真实的互动视听环境,通过图像、音频、视频等形式,将静止、抽象、单一的信息转化为动感、具体、多维的感官冲击,在视觉、听觉上给予学生全新的感受和强烈的刺激。

3.关注高阶阅读,培养评价与反思能力

评价是跳出文本,对文本内容和形式进行评判的活动。正确而恰当的评价必须跳入文本,并且要对文本有深刻的认识,同时,在评价文本内容、文本形式等内容时,还需要分析原因,道出如此评价的理由,这都与文本欣赏分不开。因此,评价能力既包括对优劣的鉴别能力,又涵盖对文本的欣赏和反思能力。

## 第五章 初中学生语文阅读基本能力的提升策略

(1)培养审美意识,提高审美能力

根据曾祥芹《阅读学新论》观点,审美是读者沉入作品后的一种情感体验活动。不同的文学作品有不同的美点,或内容或情感或结构或语言等。于文本而言,特有美点被发现、被欣赏、被解读,这篇文章才具备个性;于学生而言,审美能力是阅读活动的能力要求,学生在生活中也应该具备审美能力;于教师而言,通过精心的教学设计,引导学生进入文本,体会美点,再跳出文本,评价美点,这才算是完成了阅读教学活动。虽然义务教育阶段强调学生的基础知识、基础能力,但是不能忽视学生的主体性,他们首先是一个阅读者,然后才是一个学生。培养学生审美意识,提升审美能力,需要注意以下几个阶段:

①积累"美"的阶段。阅读大量的优秀作品是积累"美"的一种重要途径。在此阶段,不强求学生非得说出为什么"美",只要学生进入文本,并且不断思考、不断积累,那么审美能力就有提高的可能性。初中阶段的学生对书籍还没有正确的鉴别能力,这就需要教师推荐大量优秀经典的作品,让学生有书可读,有积累"美"的机会。

②鉴别"美"的阶段。随着"美"的积累,学生可能具备了鉴别"美"的能力,知道了这篇文本哪里"美",但是他们只擅长发现表面的"美",却很难发现内隐的"美"。此时,教师就需要引导学生找到"美"之所在。除此之外,教师还要检查学生是否知道了"美"的所在,可以通过课堂讨论、检查读书笔记等方式。

③欣赏"美"的阶段。这一阶段不仅要知道"美"在何处,还要知晓为什么"美"。欣赏"美"是审美活动的重要内容,此阶段应该要求学生道出所以然,有些学生语言感知力和表达力较强,而有些学生可能就稍显不足。此时,教师就可以做示范,提供可欣赏的角度。

(2)强化知识技能训练,发展迁移的能力

陶行知先生说:"教是为了不教",强调方法技能的渗透,所谓"授人以渔"。阅读教学既注重学生对新旧知识的结合能力,即将已有知识和经验迁移到阅读课的能力,又关注学生是否能将阅读课所学的知识和能力迁移到其他阅读学习活动中的能力,所以,笔者认为,迁移的能力既要承前又要启后。在文本分析中,教师要注意引导学生将新旧知识联系起来,再生成迁移的能力。同时在对文本充分理解的基础之上,加强对知识和技能的训练,教师要善于将相似文本重复阅读。除此之外,教师还应注重相同训练点,引导学生在反复巩固中内化,提高阅读能力。

## 第二节　初中学生语文阅读语感的培养

### 一、语感的概念和语感教学

(一)语感的概念

语文教育家夏丏尊最早提出语感这一概念,他认为"语感"指的是"对于文字的灵敏的感觉"。他是从感觉的角度来理解语感的内涵的。叶圣陶先生认为,我们必须在日常生活中随时留意,得到关于新字或词的真实的经验,对于语言文字才会有正确丰富的了解力才会有灵敏的感觉。这种感觉通常叫作"语感"。这一概念重在强调在生活中体会语言文字的意义。韦志成认为,语感是对语言文字或语文现象的敏锐感知和迅速领悟的能力,或者说是人对语言直觉地感知、领悟和把握的能力,是对语言文字从语表到语里,从形式到内容,包括语音、语义、语法、语用等在内的一种正确丰富的了解力。他对语感的定义给初中语文教学指出了明确的方向。

通过参考多种"语感"概念,可以将其界定为:语感是人们在言语活动中感知语言文字的一种能力。也就是说,从本质上来看,语感属于能力的范畴,因此,教师就需要对学生进行一定的培养,让他们具备这种能力,为学生的语文阅读学习带来更好的保障。鉴于此,教师应该在阅读教学中更好地对学生进行引导,让他们更好地进行阅读,从而不断培养他们的语感,让他们对语言有更好的感知,为他们的学习提供更好的帮助。

语文课程应激发和培育学生热爱语言文字的思想感情,引导学生丰富语言积累,培养语感,发展思维。在日常生活中,我们依靠对语言文字的直觉性和敏锐性进行交流。所以,语感的培养有助于口语交际。此外,语感还有助语文教学中理解能力的提高,因此,培养学生的语感,需要学生大量的阅读积累,同时,需要教师在阅读教学中对学生进行语感能力的培养。

## (二)语感教学

对于什么是语感教学,我们需要从其本质进行理解,结合语感的特征,对其进行界定。所谓的语感教学,指的是以培养语感为出发点的各种教学活动和教学过程的统称。也就是说,语感教学是一个系统而科学的教学活动,更是一个比较复杂的教学活动。既然语感教学属于教学活动,那么就需要以语感的学习为基础,为学生提供针对性的语感训练的课堂教学,在这个过程中,不断提高学生对语言的感悟能力、对具体的阅读内容的感受,进而不断提高学生的语文学习水平和能力,达成预期的语言运用能力提升的教学目标。

从语感教学本身可以看出,它和其他的教学活动有着本质上的共性。但是,语感教学也有其特殊性,相比其他的教学,语感教学更隐性,更难以直观表达,对于语感教学的效果的评价也难以通过直观的标准进行界定。正是因为这样的特殊性,语感教学就显得更为重要。要想取得较好的教学效果,使培养学生语感的教学工作更有成效,教师就需要付出更多的努力。此外,语感教学是阅读教学中的一个重要的分支和组成部分,是阅读教学的一个重要的基础性的任务,两者之间是一个从属性的关系。只有对语感教学有了更全面的了解,才能够对语感教学有更理性的认知,从而在阅读教学中重视语感的培养。在语感教学中提升教学的针对性,让每一个学生都能够在语感教学中有所感悟,有所收获,获得不同程度的提升。

学生形成良好的语感,具有多方面的意义。第一,良好的语感有利于学生在读、听等方面的学习中更顺利地获得更多的信息量。第二,良好的语感使学生在阅读有关阅读材料如文学作品时,能更敏锐地理解阅读材料的内容、底蕴、情味等。第三,良好的语感能提高学生的写作水平。第四,良好的语感对学生的听、说、读、写以至他们的整个人生道路都会产生积极的影响。

## 二、语感形成的影响因素

语感是如何产生的呢?探讨这个问题有利于教师在教学工作中训练和培养学生的语感。根据语文底蕴、能力水平、个性品格、思想修养四个方面,我们可以发现语感能力的形成、提高与下列诸要素有关。

### (一)语感与多听多读有关

古语云:"读书百遍,其义自见。"通过朗读,学生可以感受文章的华美、把握文章的框架、厘清文章的思路、学习文章的技巧、领会文章的要旨、升华文章的情感。现代美学家朱光潜曾用心理学、生理学原理解释道:"朗读也是一种模仿。它模仿的是作者喉舌筋肉活动技巧。"叶圣陶先生也强调,对现代的"美文",应重视"美读"。为此,在学生中提倡朗读无疑是提高语感能力的有效途径。

### (二)语感与人的发散性思维有关

发散性思维能使人看到 A,想到 B,想到 C,又能创造出 D 来,形成自己的个性化语言,表达出自己独特的观点与隽远的意境。这主要表现在联想与想象互动的效应上。对寓意深刻、耐人寻味的环境描写,如果展开联想,就会情景交融,深刻感知;对描写性极强的文字,如果展开大胆合理的想象,就能迅速准确地在脑海里形成一幅幅的画面,把抽象的、高度概括的语言变成具体可感的形象,从而升华为语感能力。

### (三)语感与人对生活经历的思辨有关

学生看到某个社会现象、经历某种遭遇、碰到某些难题或听教师一堂课、外出一次旅行、参加一个活动等,实际上都是人的社会经历,这个丰富复杂的人生经历就是语文教学的大课堂。可见,敏锐的语感和对生活的敏锐感受是密切联系的,我们读到语言文字就要想到它们表现的是什么事物,接触到客观事物就要思考这事物可以怎样用语言来准确表达。只有真正做到将说、写与生活密切联系,才会形成良好的语感。

### (四)语感与词汇量有关

事实证明,语文水平高的学生,其词汇量多;反之,则少。根据语文水平高的学生词汇量的测试,成绩均能达到高分。这充分表明,只有掌握丰富的词汇,才能准确地表达自己的喜、怒、哀、乐。

如果要排列语感形成的各个要素与语感的联系,那么朗读是核心,词汇是基础,思辨是前提,情商是依托,思维是动力。这几个方面在相互联系、相互促进中不断提升学生的语感能力。

## 三、初中语文阅读教学中培养学生语感的策略

当下教育领域越来越重视学生的素质培养,在初中语文教学中,教师应当敢于创新教学方法,摒弃传统教学中的弊端,在课堂中注重培养学生的语感,让学生感受语言中的魅力和传递的情感。培养学生的语感能力,有助于发展学生的思维,提高学生的理解能力,帮助学生养成良好的阅读习惯,领悟文章中语言的内涵,进而学会合理地运用语言。

### (一)营造良好的阅读氛围,为学生语感培养做好铺垫工作

教师在课堂中需要为学生营造良好的阅读氛围,激发学生的学习兴趣,带领学生积极地参与阅读,只有这样,才能为学生的语感培养做好铺垫工作,扫清各种障碍。教师可以采取多元化的教学方法,改变传统教学中存在的弊端,利用课堂的创新活跃课堂氛围,将学生快速带到学习的状态中,发散学生的思维,使学生对作品产生不同的见解。例如,在学习《风筝》这一篇文章时,教师可以带领学生分析文章,并巧妙地设置问题,向学生提问,引导学生积极讨论找到问题的答案,营造良好的学习氛围,对学生语感能力的培养也有很大的帮助。这篇文章主要讲述的是鲁迅看到风筝,想到了儿时弟弟做风筝被自己训斥的事情。针对这篇文章,教师可以这样提问:"你是如何看待鲁迅对待弟弟的行为?""文章的中心思想是什么?"引导学生带着问题再次阅读文章,小组之间也可以围绕问题进行讨论,学生发散自己的思维,提出自己的想法,通过相互交流逐步形成语言思维体系,弥补其思维模式中存在的不足,从而提高了理解能力,锻炼了语感。

### (二)引导学生养成良好的阅读习惯,奠定语感基础

良好的阅读习惯是培养学生语感的基础,学生只有提高了阅读积累

量,在阅读中体会文章中的情感渗透以及中心思想的感染时,才能对自身的思想境界产生一定的影响,使得其精神世界得以丰富。同时在阅读的过程中,学生能够掌握作者的描写手法,感受语言的魅力和精髓。因此,教师应当拿出一定的课余时间,组织阅读兴趣小组,引导学生开展自由阅读。比如,在学习散文时,教师可以为学生选定几篇优秀的散文,要求每个学习小组在课余时间阅读文章,分析文章,掌握文章中渗透的情感;也可以在课堂中拿出一部分时间,针对文章让小组进行讨论。在这个过程中,学生可以体会到阅读的乐趣,逐步建立自主阅读的意识,并在教师的引导下,养成良好的阅读习惯,为在课堂中培养语感奠定良好的基础。

### (三)培养学生的朗读能力

培养学生的朗读能力是培养学生语感的主要途径,只有带领学生进行正确高效的朗读,带有感情地反复朗读文章内容,才能让学生体会到文章的语言魅力,感受到文章的节奏美和气势美,了解文章的整体架构。从整体到细节,从表层到深层,逐步发挥朗读对学生学习的作用。朗读能够使学生轻松地调动自身情感,将其带入文章中,和作者产生共鸣,有助于学生理解文章,挖掘文章的内涵。例如,在学习现代诗《我爱这土地》时,教师可以利用多媒体为学生播放朗诵的音频、舒缓的音乐,将学生带入情境中,感受这首诗中所流露的情感。在朗读的过程中,学生将自己的情感带入其中,感受作者字里行间中渗透的情感,感受诗的整体框架,逐步培养其良好的语感。

### (四)在阅读教学中渗透语感培养

在阅读教学中,教师不仅需要带领学生分析文章的词句和整体的结构,挖掘文章中作者表达的思想感情,还需要使学生和文章产生情感上的共鸣,从而教会学生阅读技巧和分析的方法,养成自主学习和阅读的习惯。这对语感的培养来说是十分重要且关键的途径。阅读教学本身是语文教学中不可或缺的重要部分,在语文课堂中占据的比重较大,在阅读中渗透语感的培养,能够使学生在潜移默化中学会分析文章,提高理解能力,从而完成语言的培养。例如,在学习《最后一课》时,教师带领学生分析课文,引导学生了解文章的历史背景,感受文章中人物对祖国的热爱。

再结合我国的近代历史进行延伸,使学生产生情感上的共鸣,逐步培养学生的语感能力。

### (五)注重培养学生的观察力和想象力

在培养学生语感的工作中,教师可以从学生的观察力和想象力出发。培养学生的观察力和想象力有利于充分调动学生的语文思维,进而锻炼学生的语感。当学生接触到一篇新的文章时,教师可以引导学生自主阅读,发现文章中隐藏的内容,提炼出中心思想,并阐述自己对这篇文章的中心思想或某段描写的看法,使学生脱离对标准答案的依赖,建立属于自己的思维模式,锻炼学生的观察力和想象力,促进学生的个性化发展。

例如,教师在带领学生学习《孔乙己》这一短篇小说时,可以要求学生自行阅读,了解孔乙己这个角色的性格,找到相关的描写,询问学生:"孔乙己面对前后两次掌柜的问话,其回答并不相同,你认为是什么令他发生了改变?"引导学生结合文章上下文大胆想象,也可以和小组同学相互讨论,在文章中找到一些描写证明自己的想法。学生在发散自己想象力的同时,也和鲁迅先生进行了心与心之间的交流,体会文本中所渗透的科举制度对知识分子的影响,认识封建思想的危害。学生在阅读中也对鲁迅先生的文章有了更深一步的了解和认知,也有利于引导学生在课余时间多多阅读关于鲁迅的其他文章,提高自己的阅读积累。在教师的引导下,学生的想象力和观察力得到了培养,语感能力得到了提升。

### (六)做好课外活动的训练

学生平日的语感培养局限于课堂中,并不利于其个性化的发展,这使得语感的培养和发展也具有了局限性。因此,教师需要定期开展课外活动,可以是班级内的小活动;也可以上报学校,举办和语文相关的辩论赛、演讲活动、作文比赛等,设置一定的奖项,引导学生积极参加;还可以鼓励学生参加市级和省级比赛来锻炼自己。通过参加这一类的实践活动,学生敢于表现自己,将自己的想法和能力展现出来,充分认识到自己的不足,锻炼自己的语感,摆脱课堂的限制,拓宽视野。

教师可以定期开展户外阅读活动,要求学生带上自己需要的课外读物,在操场上或者公园内进行阅读,并将自己认为精彩的地方和大家分享,交流各自的读后感。教师也可以针对一个学生感兴趣的主题,在户外开展座谈会,要求学生谈谈自己的想法,并提前搜集一些资料,分享给同学,大家针对这一主题进行讨论,得出正确的见解。这种做法不仅有助于培养学生的思维能力,使学生敢于将自己的想法表达出来,还有助于教师了解学生的真实想法,对症下药,对出现的一些错误思想观念进行纠正和引导,确保学生树立正确的思想价值观,培养良好的语感。

总之,教师对学生进行语感培养,需要有一定的耐心,引导学生养成良好的阅读习惯,提高学生的朗读能力。这样才能逐步培养学生的语感能力,提高学生的理解能力和语言表达能力,使学生能够运用语感分析文章。在日常的语文教学中,教师要让学生能够利用语感建立语文思维框架,形成自己特有的思维模式,逐步提升语文水平,为以后的发展奠定良好的基础。

# 第三节 语文综合实践活动在阅读教学中的应用

语文综合实践活动是指在教师的引领下,学生以自主、合作、探究的方式进行的学习过程。它与语文教材、学生的生活实际和现阶段社会的发展紧密结合,以提高学生的语文素养和综合能力为目标,对语文教学资源进行积极的扩充与整合,以制定主题的形式开展语文教育教学活动,努力让学生在实践活动的参与中理解文本、增长知识、提升能力,具有语文性、综合性、实践性、活动性、开放性、自主性等特征。

## 一、语文综合实践活动在阅读教学中的应用理念

### (一)以学生为本的理念

语文综合实践活动和初中语文阅读教学有着各自不同的教学目标和内容,要将语文综合实践活动与初中语文阅读教学相联系,就必然要遵循各自的课程目标,但无论是语文综合实践活动还是初中阅读教学,其最终

的目的指向都是为了学生的发展。因此,语文综合实践活动在初中语文阅读教学中的应用理念也是以学生为中心的。

语文教育是要以学生的发展为本原的,教师的所有工作都要以学生的发展作为基础前提。学生是语文综合实践活动在初中阅读教学应用中的学习主体,二者整合是否能取得良好效果的关键在于学生收获了多少。随着时代的进步,教育观念不断地更新,语文教学应注重从"教师舞台"向"学生课堂"转变。在当前语文实际教学中,部分教师的语文课堂容易成为教师舞台,也就是我们所说的传统教学方式、填鸭式教学方式或被动式教学方式。教育的本质是一种有目的地培养人的社会活动,课堂当然也应该是学生的课堂,"以学生为本"的教育思想是与国家社会民主化、政治民主化共同推进的思想观念。

阅读是学生认识世界、发展思维、获得体验的重要途径。阅读是由学生发出的指令,学生对阅读文本的理解程度受到了学生已有的认知水平的限制。语文综合实践活动在初中阅读教学中的应用要以学生为根本出发点,组织开展的全过程都应以学生为本位。语文教育教学的主体和最终目的指向都是学生,不可以用教师的标准评定学生的理解程度,也不可以用教师的认知代替学生的阅读理解水平。在组织开展语文综合实践活动与初中阅读教学的应用中,教师要时刻以学生为导向,考虑学生的知识积累水平和认知水平,走进学生的内心世界,了解学生的需要和爱好,拓展学生感兴趣的知识内容,创新实践活动的开展形式,关注学生的情感体悟,在实践活动中培养学生的综合能力。

### (二)全面发展的理念

全面发展的理念在教育方面主要是与素质教育相关联的。素质教育要求培养学生在德、智、体、美、劳等方面全面发展,即要求开展更为丰富的课程和教育教学实践活动。我国义务教育阶段的语文课程必须面向全体学生,让全体学生都能够获得基本的语文学科素养。

语文综合实践活动在初中阅读教学中的应用应该是能激发和培育学生热爱语言文字的语文课程,应重视学生的语言表达、思维发展和能力提升。语文综合实践活动应带领学生在各类优秀文化的学习和感悟中促进学生的全面发展,形成良好的个性和健全的人格。

在组织开展语文综合实践活动时,语文教师要侧重培养学生广泛的阅读兴趣和阅读品位。语文综合实践活动应倡导学生多读书,扩大阅读面;好读书,培养阅读兴趣和审美品位;读好书,给予学生优渥的文化土壤。教师应鼓励学生读整本的书,赞成学生自主选择优秀的阅读材料,在教育教学过程中要强化对学生课外阅读的引导,策划开展语文综合实践活动和课外阅读活动,给学生搭建一个展示自我以及思想交流的平台,为促进学生的全面发展而不懈地努力。

### (三)终身发展的理念

早在1976年,联合国教科文组织就曾发表过关于终身教育及终身学习的言论,教育学习不应完全局限于就学期间的学习,而要贯穿整个生命的始终。终身发展要努力挖掘学校教育制度范围外的教育中的潜在的一切可能。

语文综合实践活动与阅读教学的应用目标就是要提升学生的综合素养和能力,致力于学生的全面发展和终身发展。教师要努力改变我国教育长期以来存在的片面追求升学率的教学倾向,教育不仅仅是为学生上大学做准备的,更重要的是还应为帮助学生适应未来社会生活和职业发展做准备,为学生的终身发展奠定了坚实基础。

语文综合实践活动与阅读教学的整合课程是重视学生的品德修养和审美情趣,促进学生德、智、体、美、劳和谐发展的课程。语言文字是我们最重要的生存交际工具和知识信息载体,对中小学语文来说,语文课程不仅是工具性课程,还对学生的思想品质、正确价值观的形成和终身学习的能力等都具有非常重要的作用。

多年来,我国教育不断发展,而语文课程改革的价值之一在于它更加重视人的价值,强调以人为本的理念。教育不能跟着考试走,而要跟着育人走。语文综合实践活动与阅读教学的整合不是完全地站在语文学科的角度上,而是立足于学生的全面发展和终身发展,把学生看作一个变化的、发展的、能动的个体,尊重学生独立的人格和个性,这对他们完美人格的塑造以及我国未来社会的发展都具有良好的促进作用。

## 二、语文综合实践活动在阅读教学中的应用形式与内容

### (一)朗诵表演与抒情诗词散文教学

在初中语文教材中,抒情类诗词和散文是重要的内容组成,而语文教育教学中,理解文本内容是学习语文的基础也是关键,阅读是走进文本的最直接方式,所以语文教学要求学生能够流利、有感情地朗读课文。因为关于情感层面的体悟是一定要让学生亲自进入阅读文本中去,这是教师不可替代的一个关键环节。由于每个人的知识储备、成长阅历不同,因此感悟能力也有所差别,教师不能用自己的情感认知来代替学生的情感认知。教师要搭建学生与阅读文本之间的桥梁,创设阅读情境,教给学生阅读体悟的方法和技能,让学生通过方法和技能走进文本、理解文本、感悟情感。在教学活动中,教师扮演的角色应该是引领者、指导者,而不是知识的灌输者。

在朗读表演活动与抒情诗词散文教学的应用中,教师要在活动前明确并告知学生实践活动的目标,让学生知道开展活动的目的,教师要制定完整的、可实施的活动方案,关注全体学生,让他们都参与实践活动中,做活动的参与者,只有有了参与,才能有收获和成长。做好活动前的准备工作,如朗读的技巧、方法,语音的抑扬顿挫,场地布置,仪表仪态等,做好全局监控。活动后要及时进行总结和评价,评价不能仅仅由教师来评判,应采用学生互评、自评等方式,不能仅关注结果,还要注重学生全过程的表现,努力使评价结果全面、公正、有说服力。

### (二)剧情演绎与童话小说戏剧教学

童话、小说、戏剧是初中语文教材内容的一个组成部分,课本剧表演在语文教学中并不陌生,早有采用,教师要做的是继承与发展,语文教学同样如此,并非传统的教学方式都要完全抛弃,那是盲目的,不科学的。任何事物的存在都有其合理性,教师要摒弃的是那种为了课本剧而开展课本剧的形式主义,要在课本剧的人物剧情基础上加以创造和延伸。语文的外延是十分广阔的,学习语文知识不能仅仅将视野局限于语文课本

中,语文课本只是一个范例。作为语文教师,要有拓宽知识的思想和能力,做好学生的引路人。

在剧情演绎与童话小说戏剧教学的应用中,教师要关注学生的创造方向。学生在语文教材内容的基础上创改的课本剧是否具有正确的价值观念和思想内涵,是否符合社会主义核心价值观的大方向,都是教师要关注的。初中阶段是学生价值观形成的关键时期,培养学生正确的价值观是教师的重任。教师要有发现问题及解决问题的能力,及时给予学生有价值的指导,帮助学生成长。在扮演角色时,指导学生走进人物设定之中,理解人物内心,投入真实的情感,才能有更好的体悟与收获。

### (三)演讲辩论与语言组织表达教学

演讲和辩论是锻炼学生语言组织与表达能力的有效方法,教育要培养的是适应社会发展的实用型人才,是为了学生未来能够更好地在社会中生活。任何事物都不可能孤立地存在,人也不可能脱离社会而生存,教师要培养学生的语言组织和表达能力,培养学生的思辨思维和自信力,让学生具有思考能力,有自己的想法,敢于表达自己。

在演讲辩论与语言组织表达教学的应用中,教师要选择可进行的活动主题,让学生独立思考和思辨,教授学生演讲、辩论的基本要素,可借助课外资源丰富学生的知识储备,培养团队意识和合作精神,关注学生在活动过程中的能力提升。对于学生存在困惑的地方,要及时指导。评价时,注重过程性评价和形成性评价。不过分强调胜负的结果,要关注学生的多方收获和体悟。

### (四)读书报告会与名著作品阅读教学

名著导读是初中语文教材的结构之一,每册课本中都有两部必读作品,文学经典作品是各民族长期以来积累和传承的文化经典,语文新课程要求关注学生的人格和精神两个方面,其中很重要的一点要求就是要十分重视经典阅读在语文教育中的作用,重视经典阅读在充实学生的文化涵养和提高学生的语文素养方面的作用。

《义务教育语文课程标准》对中小学生的名著阅读有着明确的规定:具有独立阅读的能力,注重情感体验,有较丰富的积累,形成良好的语感。

七年级至九年级的学生要求课外阅读总量不少于260万字,每学年阅读两三部名著。

在读书报告会与名著作品阅读教学的应用中,学生必须自己通读过整本著作,对著作内容有了整体的了解,才有了发言权。在活动开展之前,教师要组织学生阅读,在全体同学都读完的情况下,组织开展实践活动,每本教材中有两部必读著作,一个学期的时间是完全能够完成的。对于著作内容的了解,不必苛求全体学生一致,学生的成长环境和情感感悟能力不同,看问题的角度也不尽相同,有不同的理解也属正常。读完一本书应该要有一份读书笔记,记录自己的读书感悟与收获。

### (五)诗词大赛与古代文言诗词教学

古代文言诗词在语文课程中占有很大比重,中华文明有着五千年的发展史,优秀文化的积累也是丰富而厚重的。能够选入语文教材中的文言诗词必定是精华之中的精华,重要性不言而喻。但文言诗词相对离学生的现实生活较远,提高学生对文言诗词的学习兴趣有助于优秀文化的传承与发展。

关于文言诗词内容,《义务教育语文课程标准》中提出,学生要诵读古代诗词作品,阅读浅易的文言文作品,注重积累、感悟,提高自己的欣赏品位。除诗歌以外也要阅读一定的短篇散文,使学生可以阅读和背诵,增加积累。在初中语文教材中设计的"古诗苑漫步"综合性学习可以与优秀诗文相结合,开展语文综合实践活动,促进学生成长。

在诗词大赛与古代文言诗词教学的应用中,教师的诗词设定要符合学生当前的诗词积累水平,如果涉及的诗词主题太难,学生的积累水平还未到达这一阶段,学生就会产生抗拒心理,不利于后续活动的开展。在活动前,学生需要做好诗词积累的准备,从而能够在活动进行中及时调动大脑中文言诗词。教师在活动中要让全体学生都参与进来,要给学习水平相对较弱的学生展现自我的机会,提升学生的学习热情和学习信心。

### (六)研学活动与地区本土文化教学

随着祖国的繁荣昌盛,全国各地的基础设施建设都已逐渐完善,图书馆、博物馆、科技馆、文化馆等大多都免费开放,这对教育教学而言是巨大而又宝贵的学习资源,语文综合实践活动可以走出语文教材、走出校园,走进这些场馆去学习。课外的可利用资源的丰富也使学生乐于参与语文综合实践活动,他们能够学到课本里学不到的知识,拓宽视野,增强真实体悟,在积累文化的同时,也培养了综合素养。

在研学活动与地区本土文化教学的应用中,教师要做好校外的活动准备工作,如活动时间、活动场地、活动方式等,特别要注意学生的安全问题,初中学生相对能够服从教师安排,但教师不能掉以轻心,安全无小事,在活动中可以利用小组监管的形式,学生共同监管。在活动结束后,教师要针对本次研学活动做总结和评价反思,在本次活动中有哪些收获和感悟,还存在哪些不足,哪里还可以做得更好等,吸取经验,明确是非观,为学生的人格培养做积累。

语文综合实践活动的课程资源受学校、教师、学生、地域文化、周边环境等要素的影响,其范围是非常宽广的。初中语文教材中所设计的"综合性学习"非常有限,个别的范例只是一个"引子",而语文的涵盖面却相当广泛,这就要求教师发掘语文综合实践活动新的课程资源,将语文教学与本地实际情况结合起来,把本地可利用的自然资源与人文资源、生活经验、风俗习惯、传统文化等适当地纳入语文学习范围内,拓展语文课程资源,适当组织研学活动,拓宽学生视野。

## 三、语文综合实践活动在阅读教学中应用的优化策略

在语文教学中,语文综合实践活动在初中阅读教学中的应用是一种新的教学形式,是一种有目的、有组织的教学活动。阅读是学生自身的理解感悟,所以实践活动课程的组织与实施需要广大师生和学校的共同努力。

### (一)教育主体多方合力的协同推进

1.学校教学管理理念对"活动论"的容纳

在我国倡导素质教育的背景下,在学校教育中提起活动总会引起轩然大波,无论是家长还是社会,谈起学校教育就会自动地将其定义为知识学习,将学习的最终目的指向升学考试,社会上的关注点也是各个学校的

## 第五章 初中学生语文阅读基本能力的提升策略

中高考升学率。我们要明确,在语文教学中组织开展语文综合实践活动从理论上来说能够优化语文教学结构组成,能够锻炼学生的活动组织能力和批判思维,增强学生的参与感,使学生真正成为学习的主体。但在语文综合实践活动组织开展的过程中,也不得不面临质疑:学生的知识能得到增加吗?学生的成绩会不会因为参加活动而受到影响?学生的安全能够得到保障吗?面对众多的问题,学校的领导者承担着教育思想上的重任。当学校有所顾忌,不敢逆风而行,教师得不到学校的支持与鼓励时,他们真正组织开展语文综合实践活动的机会和热情也就不会高涨了,语文综合实践活动的实施也就可想而知了。

学校教育教学管理理念作为组织开展各种教育教学活动的方向盘,在语文综合实践活动与初中语文阅读教学的实际应用方面有着不可替代的重要地位。学校是教师的指向标,语文教师是学校的组成部分,只有语文综合实践活动得到学校的大力支持,教师才能够没有后顾之忧,专心探索语文综合实践活动课程的教学设计与实施,语文综合实践活动的有效性才能够得到切实的保障。

学校要率先解放对语文综合实践活动的传统思想。有了学校的支持,教师对语文综合实践活动的思想理念就比较容易改善,进而共同引导学生转变对语文综合实践活动的理念。学校要对语文综合实践活动的开展做具体的导向和规划,认真贯彻《义务教育语文课程标准》中的相关规定,将语文综合实践活动课程落实到教育教学实际中。学校要定期组织全体语文教师培训学习,增强语文教师的教学技能。

学校只有先行转变理念,才能给教师做教育教学思想工作。语文教师有了靠山和主心骨,做任何教育教学活动都会得心应手,在这种趋势下主动探究语文综合实践活动,依托生活资源,结合所带班级学生的实际情况,组织开展切实有效的语文综合实践活动便是顺其自然之势。只有这样,语文综合实践活动在初中阅读教学中的应用才能更加顺畅和有效。

2.语文综合实践活动教研深广度的加强

阅读教学对于许多有经验的教师来说是非常熟悉的,但是语文综合实践活动作为新时代体系下语文课程体系的发展结果,部分教师特别是刚入职的年轻教师对其活动内容、活动形式及如何有效开展还不够熟悉。

要高效实现语文综合实践活动与初中阅读教学整合的应用,加强语文综合实践活动的教研深度和广度是十分必要的。

教师队伍要制订教育教学研讨计划,定期开展语文综合实践活动教研会,增强语文综合实践活动教研的深度和广度。讨论可组织开展语文综合实践活动的内容、主题、形式及可利用的课程资源,确定活动主题并将任务分配给各个教师,教师根据目标主题制定实践活动方案,共同商讨方案的可实施性、活动的有效性,指出方案的创新性和可改进之处,以及实践活动开展时的注意事项;教师根据意见和建议调整实践活动的方案;计划成熟后确定语文综合实践活动的开展时间;语文教师要去听课和学习,活动后及时开展评价反思会,评价实践活动的有效程度,总结实践活动的亮点,指出本次实践活动存在的不足及改进的建议。

教育是一个长期的过程,语文综合实践活动课程的有效开展也不是一朝一夕就可以实现的,需要教育主体共同努力完善。教师作为语文教育教学的引领者,起着关键的组织引领作用,教师组织开展语文综合实践活动的能力与水平也就直接关系到语文综合实践活动的有效性。教师队伍是语文课程开发的源头,组织教育教学研讨会是很有必要的。教师要以自身的知识技能储备实际为出发点,不断地提高完善自我的知识能力水平,同时,语文教研组会给予年轻教师一定的指导与经验的传授。

语文综合实践活动是语文课程结构的组成和补充。组织开展语文综合实践活动的主力军自然是教师。教师的教学任务之一也包含有效地整合各学科内容,上好语文课,教好学生。通过语文教学研讨会的集体探究与学习,教师可以多收集初中语文综合实践活动的教育教学案例,分析其成败以及吸取其优秀的经验,做足语文综合实践活动开展前的准备,以快速地应对活动中的突发问题。同时,教师也可以通过语文教学研讨会上的参与,不断地提高组织实施技能,从而保障语文综合实践活动在初中阅读教学中的应用。

3. 师生"教与学"之活动角色定位的明晰

在语文学习共同体中,教师和学生是语文综合实践活动的设计者和参与者。每一个活动个体都是语文综合实践活动的资源,无论是教师还是学生,他们都是语文综合实践活动课程中不可或缺、用之不尽的学习资源。只有引导并推进教育主体不断地更新教育理念,每个个体才能够成为语文综合实践活动的参与者与策划者,我们身边的学习资源才会源源不断地得到更新与发展。只有全班组成一个学习共同体,每个个体才能成为活动资源的源头。

学生是语文学习活动的主体和参与者,教师是学生学习活动的策划者和引路人。语文综合实践活动与初中语文阅读教学的整合注重学生的主体性和教师的主导性,语文教学应在师生平等对话的基础上进行。在教育教学中,应充分发挥师生双方的主动性和创造性。

语文综合实践活动与初中语文阅读教学的开展要以学生的自主活动为主,教师不要越俎代庖,这并不意味着教师在语文综合实践活动中就可以放任不管,让学生自发地进行活动。语文教师需要在上课前对语文综合实践活动进行精心有效的设计,探索并挖掘出初中语文教材文本中的活动性因素,在活动中,还要及时地组织、引导、点拨学生;活动结束后,教师要针对活动的内容进行及时的总结,以此来保证师生在语文综合实践活动中都能够得到发展。在语文综合实践活动中,教师要努力改变自己唱"独角戏"的教学模式,要做学生的学习伙伴,扮演一个"引导者"的角色。

语文综合实践活动在初中阅读教学中应用的主要目的是要引导学生从多角度和多层次进行自主思考和探索,让学生在学习语文知识的过程中感受到语文学习的乐趣。语文综合实践活动是教师和学生协作完成的教育教学活动,应注重教师的引导和学生自主、合作、探究式的学习方式。语文综合实践活动与阅读教学整合的宗旨是在语文综合实践活动中使学生的学习和生活能够真正地结合到一起,将所学知识运用到生产生活实践当中。语文综合实践活动在初中阅读教学中应用的首要原则就是要确保学生主体性,确保学生能够真正地参与语文综合实践活动,在充分的参与中获得亲身的体验与收获,并能够将所学知识与技能运用到社会现实生活实践中。

### (二)深化初中语文阅读教学中活动性因素

1.语文阅读教学与综合实践活动的整合

初中语文教材中涉及的学习资源具有广泛性和综合性,教师应当创造性地开展语文综合实践活动,重新构建和深入挖掘教材中的阅读资源。在语文综合实践活动组织开展实施中,教师要启发学生的创新性思维,培养学生的实践活动能力,引导学生高效地学习。

人们常说语文的外延与生活的外延相等。语文综合实践活动与初中语文阅读教学的整合要符合学习者的认知需求。语文综合实践活动与初中阅读教学的应用主体是学生,学生需要学习什么知识,需要提高何种能力,产生什么样的情感体验等是语文综合实践活动设计体系中必须正视的问题。教师必须明确学生的真实需要,就如同学生明明需要的是一个苹果,教师却跋山涉水为学生摘一根香蕉,所给非所需,教师在过程中费尽心力,学生在需求上并无所得,教学自然也无法取得预期的效果。教学的最终目的是传授学生知识,培养学生能力。只有找到学生需求的目标,才能确定语文综合实践活动的方向。

语文综合实践活动在初中阅读教学中的应用致力于营造一个学而不厌的学习环境。学生认为所学未能满足当前的需求性,学不能致用,学生体验不到趣味性。语文综合实践活动的内容不能与学生的已有经验和现有生活的距离太过遥远,也不能太过于陈旧,要在学生的最近发展区之内,如果过于简单,学生就会失去对知识的兴趣;如果知识太难,又会有抗拒心理。所以,语文教师要能够准确了解学生的最近发展区,在此基础上对课内外文本资源进行细化与提炼,不断地发掘活动性因素。

语文学习的外延是丰富而广阔的社会生活,与语文有关的课内与课外资源是非常丰富的,只要师生能够把身边丰富的资源引进课堂,那么,语文综合实践活动课程一定会大放异彩,永不褪色。

2.有效活动形式的创意创新

与时俱进是新世纪时代进步发展的基本要求,是与社会生活紧密联系的基础,为了防止出现比较单一的活动形式,初中语文综合实践活动的组织开展形式就要与时俱进。只有实践活动的组织开展形式得到创新,实践活动形式才会吸引到学生。学生主动参与进来才能使其注意力集中到实践活动中,才能激起他们参与活动的积极性。

在活动组织形式的选择上,教师不要仅局限于辩论赛、演讲、故事汇、文艺表演等传统的语文综合实践活动,要走进学生内心,了解学生兴趣点,寻找师生之间的共同话题,根据学情不断地探索新的活动形式,这样才能使语文综合实践活动充满生机。教师不妨大胆借鉴当下社会流行的综艺节目的活动方式,或者是学生感兴趣的节目,例如,《中华好诗词》等节目。学生对这些综艺节目的喜爱就是他们参与语文综合实践活动的不竭力量。教师可以发扬民主,将课内外资源与活动形式的创新结合起来,让学生自己选择活动的组织开展形式,师生共同组织策划实践活动,让学生成为自己活动的策划者与组织者。学生在学习中扮演了主人公的角色,也就提高了活动参与程度,学生有了积极主动的参与,语文综合实践活动的有效性才能得到进一步地提升。

### (三)提升初中语文教师组织实施活动的能力

#### 1.制定明确具体的活动目标的教学能力

目前,语文教师在语文综合实践活动方案中制定的活动目标缺乏较强的针对性和具体性,不利于学生的学习。只有教师知道语文综合实践活动教什么,学生才能明白自己在语文综合实践活动中要学什么。所以,教师要能够制定出具有明确性、具体性的语文综合实践活动目标。

确定实践活动的目标是语文综合实践活动体系设计的首要步骤。语文综合实践活动的目标应紧紧围绕语文课程的总目标、初中语文阶段教学目标、阅读教学的目标以及初中语文综合性学习目标。也就是说,语文综合实践活动与初中语文阅读教学的整合体系设计的目标有这样几个层次:语文课程的总目标—初中语文阶段教学目标—初中语文综合性学习目标—阅读教学目标,各个具体目标应存在于语文综合实践活动与初中阅读教学的整合体系设计过程中,各个目标之间有所不同又彼此紧密联系,构成一个有机整体。众多的科学研究表明,设立具体的教育教学目标能够促进教育教学。截至目前,尚未发现具体的教学目标不利于知识学习的实验案例。针对一项任务来说,确定明确的目标是第一要务。只有确定了具体清晰的目标,初中语文综合实践活动体系设计的其他相关工作才能顺利进行。

无论哪一个时期的教育思想都是要在教育实践中去具体地体现的,无论组织开展的语文综合实践活动是何种形式,实践活动的最终指向都

### 初中语文阅读多元化教学实践研究

殊途同归,无论在教育教学中采用怎样的语文综合实践活动整合形式,实现语文教学和学生的发展才是它们的最终目标。

语文综合实践活动与初中语文阅读教学应用的体系设计的目标是为语文课程目标服务的。根据语文综合实践活动与阅读教学整合的体系设计的语文性要求,语文综合实践活动的各个组成部分都应该服从和服务实现初中语文课程目标这一目的。语文综合实践活动与初中语文阅读教学的整合体系设计必须紧紧围绕这一原则,语文综合实践活动可以体现跨学科学习的思想,但一定是要以语文为核心的,实践活动的体系设计要始终以提高学生语文能力、实现语文课程目标为总目的,只有坚持语文性原则,才能真正保证师生在语文教学实践活动中的语文味。当然,语文综合实践活动与初中语文阅读教学整合的体系设计坚持语文性原则,不是说在实践活动设计时"唯语文",而是要围绕语文、服务语文,这才是这一原则的宗旨。综上所述,对语文综合实践活动与初中语文阅读教学的整合来说,语文性是实践活动的本质,综合性是实践活动的特征,两者相互结合,相互联系,才是真正不同于其他学科的综合实践活动。

语文综合实践活动与初中语文阅读教学整合的体系设计具有较强的实践性。首先,语文教学活动是一项具有实践性的活动过程。其次,语文综合实践活动课程本身就是一种应用性实践,它有设计者、参与者,是一个教育教学实践课程,实践性是语文综合实践活动的特征之一。所以,语文综合实践活动与初中语文阅读教学的整合体系设计必须坚持理论与实践相结合,使语文综合实践活动课程符合科学,便于实施。

2. 组织开展活动策划与教学指导的能力

教师要具有组织开展活动策划与教学指导的能力。语文教师作为语文综合实践的策划者与探索者,必须有教学组织实施能力,正确处理教学中遇到的各类问题,如当前学生的认知处于哪个阶段?学生喜闻乐见的知识内容是什么?学生喜欢什么类型的活动课程?教材内容如何有效利用?课外资源如何开发等众多问题都将影响语文综合实践活动的有效开展。

在语文综合实践活动前,教师要能够找到适合开展语文综合实践活动与阅读教学的切入点,将语文阅读教学与综合实践活动形式有效整合,确定语文综合实践活动的目标,制订完整的综合实践活动计划,与学生和其他语文教师共同探讨活动的可行性和有效性,听取多方意见组织开展综合实践活动。在开展语文综合实践活动的过程中,教师要全程监控,及时进行活动指导和维护,对于活动中出现的突发情况,要充分发挥教育机制,在活动中要有全局观念,确保学生安全。在实践活动结束后,教师更要及时地总结实践活动的经验教训,将经验教训及时地反馈给学生,推进语文综合实践活动有序发展,为规范学生在实践中的行为添砖加瓦,将存在的问题与收获相结合,使二者的整合向理想的态势发展。

语文综合实践活动作为新时代体系下语文课程体系的产物,实现了语文综合实践活动与初中阅读教学的整合,对语文教师自身能力素质具有较高的要求。教师要多收集语文综合实践活动的教育教学案例,分析成败,吸取优秀经验,为语文综合实践活动的实施开展提前做好准备,对于活动中遇到的突发问题,教师要能够展现教育机制,为语文综合实践活动与初中阅读教学的有效开展提供保障。

### 3. 构建完善多元的活动评价反思能力

综合实践活动评价是检测语文综合实践活动目标是否达成的直接方式,在开展语文综合实践活动过程中,教师对学生及时、客观、公正的评价可以使学生获得良好的实践活动参与体验。采用与语文综合实践活动相匹配的活动评价方法,将会有效地检测和提升活动效果。在开展语文综合实践活动的过程中,教师需要有构建完善多元的活动评价反思能力。在教育教学过程中,教育的主体主要有教师和学生,所以,教师在评价时要注意评价主体的多元化。

教师对学生的评价和看法对学生而言是举足轻重的,学生的评价往往具有教师不可比拟的真实性和客观性。教师评价不仅是教师对学生参与实践活动的重要评价,还是教师组织开展实践活动的自我反思的评价。教师在评价时要注重激励与引导学生,评价要公正、客观。教师在评价时还要关注学生自评与学生互评,让学生自己对其实践活动表现做出客观准确的评价。教师可以利用"学生健康成长记事本"辅助学生自评,让学生对自己的表现有准确的认识,不断完善自身知识能力,端正学习态度。学生互评的方式能够有助于学生内部的相互借鉴,使综合活动评价起到取长补短的作用,培养学生的团队意识和包容思想。学生不仅在同学面前展示了自己的长处,还可以了解到自己没有发现的不足之处。

在语文综合实践活动评价过程中,教师要注意评价方法的综合化。实践活动评价可以使用过程性评价、反思性评价、形成性评价等方法。多种评价方式的联合使用便于学生获得直接的经验和公正客观的评价,有助于学生进行自我总结和反思。

实践活动评价不能只看结果,也应看到学生参与活动的积极努力和认真的态度。从某个角度来说,初中语文综合实践活动的活动过程远远要比实践活动结果更加关键,因为学生知识的增长与能力的提高都是在活动中展现和发展的。在活动评价时,一线教师应更加注重对学生的过程性评价方式,促进各个学生主体进行思考和渗透,培养学生的批判性思维能力,逐渐形成正确的价值判断体系。

在教育教学中,学生、教师、学校是一个有机整体,语文综合实践活动在初中阅读教学中的应用推广必须考虑学生、教材、教师、学校等多个因素的影响,通过多方的交流和沟通,多方合力扬长避短,达成教育教学目的,促进学生成长,让语文教学焕发勃勃生机。

## 第四节　图书馆资源在初中语文阅读教学中的应用

### 一、图书馆资源的概念和特性

(一)图书馆资源的概念

图书馆的职能是通过一些图书馆共同分担的,目标是提高图书馆的经济效益和社会效益,即各馆用最少的经费提供给阅读者尽可能多的资料和服务。共享的资源可以是实物、人员或资金,也可以是馆藏资料、图书馆目录、工作人员的专长、存储设施和计算机设备等。

图书馆资源的概念目前尚未有一个明确的定义,比较有代表性的观点有两种：一种观点认为，图书馆资源是指为了资源利用而组织起来的信息集合，实质是一种动态信息资源体系；另一种观点认为，图书馆资源是各类资源组成的有机整体。本书对图书馆概念的分析则是从其特性入手的。

### (二)图书馆资源的特性

1. 可用性

图书馆资源是为图书馆存在并被利用的，因而其具有可用性，任何资源失去了可用性，也就失去了存在的价值。

2. 有序性

图书馆资源应是有序存在的资源，图书馆文献资源如果是无序的，它将无法利用，失去其存在的价值。图书馆人力资源实际上也存在有序性，我们常说的人力资源整合即对人力资源的整序，人力资源不进行整合，就无法发挥它的最大效益。同样，设施资源如果无序，也无法发挥其应有的作用。因此，图书馆资源的有序特性决定了其作为资源存在的必要性。

3. 整体性

整体性是指按一定方式构成的有机体系统各要素之间相互联系、相互制约，体现出整体大于部分之和以及要素与系统的不可分性。图书馆资源各构成要素组成了一个整体，各要素之间是密不可分的，其整体发挥的效益要大于各要素的简单相加，也就是人们常说的"1+1>2"效应。

4. 联系性

联系性是指系统的组成要素之间具有相互作用、相互关联的关系。图书馆资源各要素之间相互依存，相互影响，这种关系决定了图书馆资源内部联系的特性。

5. 动态性

动态性是指一个系统随着时间的推移及外部环境的变化，系统组成要素亦不断发展变化。图书馆资源的动态性决定了图书馆资源的不断发展变化，正如图书馆资源从诞生之日发展到今日，其内涵和外延正逐步扩大一样。

从上述的分析中可以得出，图书馆资源是指图书馆为了资源利用而组织起来的相互联系的多种资源的动态有机整体。这个定义综合了前文所提的两种观点，并修正了个别不准确的用词。第一种观点认为图书馆资源是一种"信息集合"，不能准确包括图书馆各类资源，而第二种观点过于宽泛，不够精确。

## 二、图书馆资源在初中语文阅读教学中应用的意义

### （一）图书馆是初中语文阅读教学的重要课程资源

1. 图书馆是新课程改革的重要课程资源

课程资源是指形成课程的要素来源及必要而直接的实施条件。课程能否顺利实施在很大程度上取决于课程资源是否被充分地开发利用。课程资源可以有效地应用于课程，并成为课程主要的要素。在新课程改革与实施中，社会和学校的图书馆利用丰富的馆藏资源，开拓师生的视野，是学生汲取知识的源泉，也是为全体师生提供、传播信息的"信息港"。

（1）图书馆是教师汲取新知识、获得新信息的最佳场所

图书馆的文献资源主要由印刷型资源和电子型资源两部分组成。图书馆深入各学科做细致的调查，了解教师的教学需求，为各学科构建资料库，建立合理的藏书体系，积极建设特色专题的数据库，大力开发网络资源，并与其他学校图书馆和社会图书馆加强合作，共享信息资源，可较好地为新课程改革的执行者服务。

（2）图书馆是学生自主学习的重要平台

图书馆作为一种重要的学习资源，可以为学生提供一个自主的学习环境。图书馆的环境具有信息和人文双重特性。它可以为学生提供符合需求的高密度信息，使学生感受知识的魅力，体验学习的乐趣，并引发创新的欲望，借此环境找到学习的最佳入口。图书馆能够为学生的学习主题提供文献资源，使学生在利用文献资料解决问题的过程中，逐步建立起利用图书馆资源的意识。它也可以帮助学生在学习过程中真正学会学习，学会对知识信息进行处理，掌握终身学习的方法。

（3）图书馆是配合教改和科研的服务者

学校图书馆要充分发挥其服务职能，针对教学改革和学校科研的方

向,做好信息资源的提供和保障工作。在有条件的学校,图书馆甚至可以直接参与到学校教研课题的策划与研究中去,以充分体现其在教科研工作中的不可替代作用。

2.图书馆资源是语文阅读教学的重要载体

传统的语文阅读教学过于强调教材的重要性,教师和学生都把教学内容的主体理解为单一的教科书。当前的教学理念要求教师不能只利用教材,而要从教材中扩展开去,让学生形成广阔的视野和开放的思维,这就需要图书馆为教师提供更多的与教学有关的资源材料。

(1)图书馆可以协助阅读教学

教师合作可以让学生直接到图书馆中进行阅读活动。在图书馆中,学生可选择最喜欢的书阅读,写一些读书笔记、读后感、述评,从而激发起阅读兴趣,逐渐培养阅读能力也能改善写作和分析问题的能力。同时,图书馆可以引导学生如何运用工具书寻找各种资源,以配合课堂阅读教学及语文研究性学习的需要。学校图书馆还可以为学生建立阅读档案,为语文教师的教学做参考。

(2)图书馆是学生课外阅读的重要场所

《义务教育语文课程标准》要求学生加强课外阅读,并对中小学学生的课外阅读作出了量的规定。小学阶段的课外阅读量不少于145万字,初中阶段的课外阅读量达到260万字以上,高中阶段的课外阅读要求自读文学名著5部以上,还有科普书籍和其他各类读物,总量不少于150万字。这么大的课外阅读量不可能都由学生自行购书解决,利用好图书馆提供的资源是完成学生课外阅读量的重要保证。

## (二)图书馆资源进入语文阅读课程的合理性

1.利用图书馆资源,可为语文阅读教学提供丰富的教学信息

语文学科的学习离不开资源,它需要不断地对材料进行搜集、整理、消化分析,以至运用。图书馆资源的丰富性、形式的多样性、活动的交互性、学习的主动性等特点融入语文阅读教学,使语文阅读教学的教学内容呈现方式、学生的学习方式等产生了深刻变革。教师可教会学生充分使用各类图书馆资源,教会学生检索信息,掌握管理知识的方法,学会高效

地搜集和处理信息的本领。图书馆可为学生的学习和发展提供多样化的教育环境和学习工具。图书馆不仅为师生提供了不受时空限制的交流合作平台,还为师生提供了多样化的学习方式。

2. 利用资源图书馆,可提高语文阅读教学的课堂效率

(1)可激发学生学习兴趣

利用图书馆的多媒体资源既能展示丰富多彩的图片,又能听到文字描绘的声音,通过形象生动的音画效果辅助语文教学,给学生多种视听刺激,激发学生对文本研读的兴趣。

(2)可突破教学难点重点

多数学生语文学习的障碍主要是缺乏必要的情境创设或形象思维的帮助,而利用图书馆资源辅助教学,能给每个学生的头脑中注入增进思维与想象的激活物,使他们的大脑可以随着文字的讲述和生动的画面变抽象为形象。如果教师又有恰到好处的讲解点拨,那么就能使学生易于理解和把握教学内容,从而突破学习的重点难点。

(3)可调动学生内心情感

情感可以说是学生学习的动力元素,充分调动学生的情感对于提高学习效率作用巨大。文章不是无情物,语文阅读教学更应该引导学生披文入情,悉心品味,与作品中的人物同悲喜,达到情感的共鸣。各种信息技术的情景模拟和音像资料可以让学生身临其境地体验,使学习不仅是理性的认知,还是情感的体验,在学生和作品中的人物情感之间架起了一座交流的桥梁。

3. 利用图书馆资源,可培养学生的自主阅读能力

阅读教学是语文教学的重要组成部分和难点。《义务教育语文课程标准》对阅读教学提出了更高的要求。图书馆作为语文阅读教学的重要信息来源,担负着推进阅读教学发展的重任,对培养学生的自主阅读能力具有重要的作用。图书馆可以为学生提供充分的导读服务,促进阅读教学的开展。利用好图书馆资源,也可以促进教师在阅读教学上形成"适教重导"的教学理念,为语文教学的改革,特别是阅读教学的革新提供新的思路。图书馆资源为培养兴趣不一、层次不同的学生提供了有利条件,有利于培养学生的自主阅读能力和创新能力。

4.利用图书馆资源,可培养学生课外阅读的兴趣

教师依据学生不同的年龄特点和学校图书馆资源的具体情况,合理编排开展多样的阅读活动。阅读前,教师可指导学生制订阅读计划,选择图书,学会利用图书馆资源作为认知工具。阅读时,由教师为课外阅读事先设计配套问题,学生据此进行有针对性的探究阅读,从文本中寻找答案,解除困惑,对有争议的人物形象和文学作品等,进行研究讨论。阅读后,教师可指导学生整理读书笔记,将阅读的收获制成文本,加深对阅读内容的理解。这些阅读活动的目的旨在激发学生阅读的兴趣,学生的阅读兴趣一旦被激发,阅读的欲望就会更强,劲头就会更足,收获也就更大。

## 三、图书馆资源在初中语文阅读教学中的应用策略

### (一)图书馆对中学师生的阅读服务策略

1.图书馆对初中生课内外阅读的内容服务

图书馆的各类阅读对象属于标准的书面语言。与口语相比,书面语言不仅有严密的逻辑关系、凝练的遣词造句,还能营建较高层次的文化氛围,展现理性的风采。因此,书面语言在各类印刷媒体中被大量运用,建构着象征、思辨的世界。而这一特性对于成长中的初中学生来说,显得尤为重要。图书馆对中学师生的阅读服务需要重视以下几点:

(1)文本提供类型的多样化

图书馆在文本的提供上必须全面,论述类、实用类、文学类这三类阅读文本构成了学生的基本阅读体系。文学类文本是学生最为喜爱的一类文本,这类文本的提供首先应该立足于教材。教材中拥有大量的文学经典和节选,学生在通过课堂上的阅读教学之后,激发了阅读兴趣,所以图书馆在采购上应该优先考虑这类与语文教材相关的书籍,满足学生阅读全本的兴趣,同时也是对课堂阅读的延伸配套。其次,课外的文学阅读文本的提供应该注意阅读面的广度。传统的经典文学当然要考虑,因为这些经典可以展示规范的文学语言和精湛的艺术价值,但是也要结合初中学生的身心特点,适量地提供与时俱进的青春读物,因为这些读物可以体现这个时代的精神,能够激发学生对生活的思考。论述类和实用类文本

的阅读是初中学生的薄弱环节,因为他们接触的机会少,而且缺乏阅读兴趣,所以中学图书馆必须加以引导。社科类、科普类书籍以及各种报纸杂志是提供这两类文本的最佳媒介。为了提高初中生的阅读兴趣,图书馆在书籍的展示方面可以采取灵活的方法,比如,在校园橱窗中进行书籍介绍,在馆内设计主题专柜,定期和教师合作进行主题讲座等,引导学生阅读此类文本,进而提高阅读能力。

(2)文学类文本的深度解读

对于文学类文本的深度解读应该是初中生语文阅读的一项重要能力。中学图书馆除了提供基本的各类文学体裁(诗歌、散文、小说、戏剧等)的文本外,还要和语文教师合作,选出重点作品,提供相应的解读材料。材料内容包括文学评论文集、报纸杂志专题文章、形式上纸质文本和电子网络文本等。教师提供研究方法,由学生利用图书馆资源进行研究,撰写相关专题的文章。

(3)古文阅读材料的适当补充

在初中语文阅读教学中,古代文言作品是教学的难点和重点。文言文阅读教学的目的是体会其中蕴涵的中华民族精神,为形成传统文化底蕴打下基础。学习从历史发展的角度理解文言文作品的内容和价值,从中汲取中华民族智慧,用现代观念审视作品,评价其积极意义与历史局限性。为了配合文言文阅读教学的要求,中学图书馆应该注意提供三类材料。一是与课文相关的古代经典作品,如《论语》《诗经》《左传》《史记》等。这些书籍是教材中大量文言作品的出处,学生在阅读原本时,可在教师指导的前提下进行适当的延伸扩展。二是文言阅读的参考类书籍。文言的语言难度是学生阅读的主要障碍,配套课文的参考类书籍可以帮助学生抓住语言的难点要点并且适量地练习。三是各种版本的工具书和检索资源,这些资源往往是个人无法拥有的,如《辞海》《辞源》《说文解字》等。但是在古代文言作品的学习中,对于作品背景、语言、评价等专题知识必须借助于此加以掌握学习,教师和图书馆要在信息检索收集方面进行专业指导,使学生拥有方法养成自学能力。

### 2.图书馆对语文教师阅读教学的专业服务

图书馆坚持为教师服务的原则,一方面是将图书馆收藏的各类书刊推荐给最需要利用它们的教师,尽量发挥所藏书刊的作用;另一方面,向不同的教师推荐和提供他们最需要、最感兴趣的书籍,为教师的专业发展提供最大可能的帮助和支持。中学图书馆对语文教师阅读教学方面的服务既是服务于高中阅读教学本身,又能起到对语文教师专业素质的提升作用。

(1)构建图书馆和语文教师的信息传递平台

首先,在纸质实体的素材方面,学校图书馆可以和语文学科组合作,利用计算机对语文阅读教学相关的图书、报刊信息资源进行深层次的整合加工,为语文教师建立一个既方便检索,又能提供大量相关信息的资料库。对阅读教学的素材进行合理分类,如可以分为"语文教育名著""新课程与阅读教学""教学评价""教学参考""专业杂志""教材教辅""文学经典"等类别。在检索形式上实现网络化,可以在校园网页上建立检索专页,教师只要点开网页,搜索关键词即可得到相关链接信息;也可通过相关类别找到需要的图书,或者发现图书馆所藏的这类图书有哪些,再通过链接阅读图书的摘要;也可点击作者,查到图书馆所藏的该作者的专著,以及其在报刊上发表文章的目录,包括报刊名称、文章题目、发表日期等。这样就极大地提高了教师查阅文献资料的效率。其次,在网络电子载体的素材方面,图书馆可以引进"中国知网"等专业学术论文库,为语文讲授科学的检索方法,以获得更加广泛的学术参考资料,为初中语文阅读教学的实践和研究提供更好的前沿信息。图书馆方面甚至可以根据语文教师的教学需要,为阅读教学搜集专题学术资料,对接教学实践。

(2)形成对语文教师的科学服务体系

首先,教师的教育教学工作比较繁重,能够静下心来钻研理论,悉心研究的时间很少。因此,图书馆应尽可能地创造条件,为教师阅览专业图书提供良好的服务。图书馆可以为教师建立专用阅览室,将阅读教学的相关报刊图书设成专柜,使教师阅览、查找资料更加方便,为教师提供一个安静的学习、研究环境。其次,图书馆能为教师提供相关服务,方便教师获取研究和教学资料,如复印资料和各类网络资源的下载等。建立校际图书馆联系,实现资源共享,特别是要和重点中学图书馆联系,充分利用其资源,满足教师的学习、研究的需要。最后,在图书馆采购的环节,图书馆要和语文学科组建立一个长效的联络机制。如初中课内阅读教学、语文教师开设的校本阅读选修课等需要一定量的图书储备,图书馆应优先满足以配合阅读教学。语文教师的专业类学术书籍和报刊的采购应每年征求教师意见,汰劣选优,创建一个不断更新的资料集合。

## (二)图书馆资源在初中语文课内阅读教学中的应用策略

目前,在语文课内阅读教学中,利用图书馆资源主要体现利用图书馆的纸质书刊、音像制品及网络、数字资源,进行预习、讨论问题、完成作业,或进行针对语文课内阅读的课外迁移性阅读等。思考初中语文阅读教学的实际,教师可以根据图书馆不同资源的特点介入阅读教学的不同环节。

### 1.运用音像制品的多媒体特性,化虚为实,激发兴趣,帮助理解

兴趣是最好的老师,学生对所学的内容有了兴趣,学习的积极性才会提高。教师在语文阅读课中,恰当地运用图书馆中的音像视听资源能使阅读教学的过程呈现出形声并茂、情景交融的教学情境,既为学生提供感知的材料,又可以在阅读文本发现疑难时再现情境,启发学生对文本进行深入的分析,使其思维多向发展。所以,合理地运用音像制品可以给课堂注入活力,激发学生的阅读兴趣,帮助学生理解文本的内涵。

多媒体视听的应用能把学生的情感和表达欲望充分调动起来,更好地理解文本,这是一种课堂情境优化的解决途径。所以,经常将图书馆中的一些切合教学实际的影视资料运用于阅读课堂,既可以使语文阅读的课堂变得丰富生动,又能逐渐使学生对图书馆产生兴趣,从而培养学生利用图书馆的意识,激发学生阅读的兴趣。

## 第五章 初中学生语文阅读基本能力的提升策略

**2. 利用图书馆的纸质书籍资源,迁移课内文本,开阔视野,增大阅读量**

语文课本选取的文本通常是历经时间考验的经典作品,但是课本的篇幅毕竟有限,对那些重要的作家作品的理解如果局限于课文,往往不够全面或者缺乏深度。要从课内的文本中迁移出来,必须利用好图书馆中的传统资源。纸质书籍阅读具有思想精深、内容全面的特点,学生能够在阅读书籍中逐渐地思考并且建构起自己的知识体系,这是快餐式的网络阅读无法取代的阅读体验。所以,教师可以利用图书馆多年积累起来的纸质书籍资源,结合课内阅读的文本,确定主题,安排任务,让学生阅读纸质书籍,提升阅读能力。

在语文教学中,阅读材料是丰富多样的,教材只是其中的一部分,从根本来说,是无法满足学生学习语文的需要的,因此,图书馆资源可以作为学生的阅读扩展材料。教师要鼓励学生积极借阅,增加阅读量。比如,初中语文课本中常见的鲁迅作品,学生对有限的几篇鲁迅文章的理解往往是片面的,可能会因教师的烦琐分析产生对鲁迅作品的反感和厌倦。如果能够适时推荐学生阅读鲁迅的各类作品,包括旧体诗、散文、小说、书信、文艺评论以及数量庞大的杂文,并介绍一些鲁迅作品的评论文章,做一些摘抄笔记和读后心得,那么学生将会更全面地认识鲁迅、了解鲁迅,而使以后鲁迅作品的课堂阅读教学将会游刃有余。所以,利用图书馆推荐学生阅读与课文相关的书刊资料,有助于提高学生学习语文的兴趣和热情,有助于课内阅读教学的深化和提升。

在阅读传统书籍的时候,学生可以获得阅读的成就感,建构知识和能力,可以更深入地投入语文学习中。教师则利用图书馆开发更广阔的学习资源,突破教学时空的局限,使课内阅读教学的效果最大化。同时,这样做对培养学生收集、筛选和运用信息的能力,对发展学生的创造和创新能力,都能起到积极的作用。

**3. 扩大图书馆外延,开展各类课堂阅读交流活动**

青少年阅读在孩子生活中起着重大的作用。青少年读的书几乎可以记一辈子,影响孩子进一步的发展。要想培养学生阅读能力,有限的课堂教学和语文课本的容量是无法满足的。但是,图书馆能够弥补这一缺陷,它能解决课堂教学模式单一、资源有限的难题,成为教师和学生丰富的资料来源和交流平台。

陆游有名言:"汝果欲学诗,功夫在诗外。"当学生有了一定的自学能力,除了学习课本上的几篇经典文章外,还要放眼浩如烟海的书林,利用好图书馆资源。在这一过程中,教师既要引导学生博览群书,又要使其学会如何展示交流其阅读的成果。教师可以利用课堂搭建各种展示交流的平台,经常多样化地利用课堂开展活动。这样做虽然表面上和课内阅读教学关系不大,但实则是课堂阅读课程的一部分,是在课堂内延伸和扩展的阅读课程,也是对图书馆资源利用方式的拓展。

图书馆的外延是可以扩展的,教师要有意识地在班级里创造一种"阅读文化",用文化潜移默化的力量影响人、教育人。比如,在教室里开辟一个读书角,贴上关于读书的名言,学生拿出自己喜爱的书,放在读书角供班级同学阅读交流。教师可以利用每节课的课前两分钟,由学生轮流就自己近期的读书情况进行主题发言,这样做既增加了学生的阅读量,又通过交流读书心得培养了良好的读书风气。此外,教师还可以针对本班学生感兴趣的或者课内阅读教学的需要,设置专题性的语文阅读交流课,给学生充裕的时间就书籍、文章或者课内文本相关的阅读主题进行交流展示。这样就可以使全体学生相互学习,借鉴彼此的阅读方法和阅读内容,从而培养他们丰富的阅读技巧,获得一定的精神价值。

### (三)图书馆资源在初中语文课外阅读指导中的应用策略

#### 1. 课外阅读要明确目标和重点

课外阅读的目标是培养学生探究性阅读的能力,发展创造性阅读的意识。在促使学生运用已有知识经验的基础上,教师要引导学生从文本中提取与思想内容相关的信息,加深对文本内涵的理解。首先,要重视培养学生对课外阅读的兴趣,注意舆论的导向性。其次,要指导学生学习和掌握阅读的一般技巧,培养学生独立阅读、理解和评价文本的能力。再次,通过阅读丰富学生的词汇量并增长其语言知识与能力,提高写作能力。最后,教师要指导学生学会利用图书馆资源,获取丰富的阅读来源,使学生认识到课外阅读作为一种精神享受和信息来源。课外阅读的重点任务是培养学生对阅读对象的感受、理解、欣赏和评价能力,培养阅读兴趣,增加阅读量,学会自主地选择阅读材料,通过正确的阅读方法提高阅读质量。

2. 课外阅读要强调计划和时效意识

课外阅读的有序开展是保证其质量的关键。在指导学生课外阅读的过程中应该有计划意识,什么时候读,读什么,怎样读,这些都是教师应该为学生考虑并设计的问题。把学生像羊一样放到图书馆里读书,是缺乏计划性和无时效的做法。我们的时间是有限的,课外阅读要注重时间利用的效率,不可放任学生的阅读对象和阅读任务。此外,每次课外阅读都应该有一个明确的教学目的或阅读主题,而且这些目的、主题是应该连贯的,形成一个逻辑合理的系统。比如写景散文的主题阅读、鲁迅杂文的主题阅读、盛唐诗歌的主题阅读等。这些课外阅读主题来源于课内,又通过图书馆走向了更为开阔的语文大世界。教师的科学性的课外阅读计划有助于学生进行系统的课外阅读,从而获得更加完善的知识架构。这样的课外阅读指导就具有了明确的方向性。

在近几年各地的高考语文试卷中,对学生的语文思辨能力的考查越来越多,有些试题的取材对象就是时政要闻,如果平时无一定量的阅读,就会对这些语言材料无所适从。此外,作文的写作也需要学生有良好的语言表达能力,有充足新鲜的材料积累。这些都要求教师要利用图书馆中不断更新的各类资源开展课外阅读,从而获取更多更新的课外阅读素材。

3. 指导学生正确使用图书馆资源

《中小学图书馆(室)规程(修订)》第十五条指出:图书馆要配合学科

教师组织形式多样的读书活动,对学生进行课外阅读指导。规程明确指出了中小学图书馆课外阅读指导的主要内容和有关事项。学校图书馆是学生最方便使用的图书馆资源,也是和语文学科联系最紧密的学科资源,因此,为了在课外阅读的过程中利用好图书馆资源,教师和图书馆必须加强合作,介绍和普及图书馆知识,使图书馆资源真正能为学生的课外阅读服务。

### 4.教会学生阅读的基本方法

课外阅读是最主要的语文课外活动,这是课堂学习的延伸。在实践中,学生可以把课内所学的方法运用到课外阅读中,既培养读书习惯,又增长了读书能力。浏览、略读、精读是理解、获取和保持文本基本信息的阅读战略。浏览的目的是迅速地捕捉文本基本信息;略读的目的是进一步掌握信息要点;精读的目的是严密审视所获信息,形成完整地理解。这三种技巧各司其职,又相辅相成,标志着阅读能力由低而高的发展水平。

此外,教师还要指导学生利用图书馆资源,选择适当的阅读材料。指导学生做好读书笔记,学会读书就要动笔,借以加深记忆,也为日后学习和翻检提供依据。笔记的方式有很多种,如摘抄式笔记、索引式笔记、批注式笔记和心得式笔记等,都能加深学生对读物的理解,理清其逻辑思路,领会其精神实质,使读书所得条理化、清晰化,从而使学生有所取舍、有所阐发、有所评价,以至迸发出灵感的火花,萌生出创新的见解,获得知识的系统性整合。

除了基本的课外阅读方法之外,教师还可以经常向学生推荐一些前人总结的阅读技巧,用不同的方法启发学生,使之寻找到最适合自己的阅读方法。阅读方法有很多种,真可谓是读书无定法。每个人的读书目的不同,其性格禀赋也不相同,所以,学生要根据自己的具体情况,择优选取,慢慢地形成一套适合自己的阅读方法。

# 参考文献

[1]陈海亮.语文教学不难[M].北京:中国国际广播出版社,2021.05.

[2]陈长风.初中语文阅读多元化教学策略探究[J].东西南北(教育),2019(24):328.

[3]耿文静.初中语文多元化教学作用分析[J].新课程教学(电子版),2022(7):93-94.

[4]何文胜.面向多元化的语境语文教育的反思[M].苏州:苏州大学出版社,2012.01.

[5]贾龙弟.语文教学本体论[M].杭州:浙江大学出版社,2017.08.

[6]孔敏娜.初中语文阅读多元化积累方式的实践[J].科学中国人,2016(18):263.

[7]李大艳.谈初中语文阅读多元化的教学方法[J].中学课程辅导(教学研究),2020(32):65.

[8]李丽.初中语文阅读多元化积累方式的实践与探索[J].人间,2016(4).

[9]李树方,刘桂兰.初中语文阅读指南[M].北京:国家行政学院出版社,2013.07.

[10]刘宇芳.初中语文阅读多元化教学的策略探究[J].学习与科普,2019(14).

[11]毛长红.教育实践的智慧[M].上海:上海科学技术出版社,2010.08.

[12]莫晓燕,苏岚,熊黎鸣.中学语文问题化阅读课堂实践手册[M].上海:华东师范大学出版社,2018.11.

[13]牟丽华.初中语文阅读的多元化教学策略[J].读与写(教师版),2019(5).

[14]彭小燕.探讨初中语文阅读多元化教学[J].教育科学(引文版),2018(6):21.

[15]祁军勤.浅析初中语文阅读多元化积累方法的实践与探索[J].中学课程辅导(教师通讯),2018(22):26.

[16]施柏明.初中语文阅读教学课堂激活探析[M].青岛:中国海洋大学出版社,2019.08.

[17]史春华.语文自主阅读教学的理论与实践[M].长春:吉林大学出版社,2010.07.

[18]苏红香.初中语文阅读课的教与学[M].上海:华东理工大学出版社,2015.03.

[19]唐建康.杏坛墨语教育研究与实践[M].上海:上海交通大学出版社,2014.11.

[20]王娣萍.初中语文多元化教学方法探究[J].中华活页文选(教师版),2021(25):89-90.

[21]王艳艳.新媒介背景下初中语文阅读教学实践研究[M].长春:吉林大学出版社,2021.05.

[22]肖虹.初中语文多元化阅读浅析[J].新智慧,2020(16):124.

[23]辛红霞.新课改下初中语文多元化教学方法探究[J].读写算(中),2022(10).

[24]俞雯.初中语文阅读多元化积累方式的实践与探索[J].现代语文(教学研究版),2011(7):43-47.

[25]张秀蓉.阅读与感悟初中语文阅读教学研究[M].北京:中国商业出版社,2021.08.

[26]赵桂彬.初中语文阅读多元化教学方法的运用[J].智力,2021(17):97-98.

[27]赵胜庆.初中语文阅读多元化教学策略探讨[J].课程教育研究,2020(36):125-126.

[28]周忠元,赵常松,密书胜.初中语文阅读怎么教[M].南昌:江西教育出版社,2022.02.